김주현의 생각

허공을 더듬느냐

김주현의 생각

허공을 더듬느냐

김주현 지음

국학자료원

저자의 말

4살 적 '지생련' 선생과 어머니의 운명적인 만남으로 시작된 참 부모님과의 인연이 내게는 삶의 목적이 되어서 생각의 끝자락까지 그 분을 향한 그리움으로 채울 수 있었다는 것이 고마움과 자랑이었습니다.

존(存) 하는 모든 것은 나름 존재하는 의미가 있어서 무릇 모든 생명(生命)을 일컬어 탄생 그 자체가 하늘의 뜻(生而之命)이라고 했으니 산다는 것은 삶의 의미를 찾아 그 목적을 이루어 가는 것… 원리를 통하여 '나'를 찾아가는 길을 알았으니 이보다 더 큰 행운이 또 있겠습니까.

죽어도 좋을 만큼 큰 도(道)를 얻었으니 조문도석사가의(朝聞道夕死可矣) 장부(丈夫)에게 이만한 복이 또 있을까하는 마음이 나를 지탱하는 철학이 되었지만, 아직도 신념과 삶의 괴리를 메우지 못한 일상이 자탄(自歎)입니다.

이중적 사슬에 묶여있는 나를 보면서 절필(絶筆)을 해야겠다는 생각을 수없이 하면서도 또 다시 펜을 잡는 연유가 무엇일까. 30여 년 간 해온 버릇이거나 아니면 한줌의 소식을 묻어둠에 대한 아쉬움일까…

소슬바람에 실려 온 소식인지 개여울을 따라 흘러온 소식인지, 분명한 것은 글과 말에서 주워온 소식이 아니라 가끔은 지적 범위를 넘어서는 생각이 찾아올 때마다 지면에 담아두고 싶은 충동을 누르지 못해 또 한권을 묶었습니다.

마음을 이룬 이는 마음이 몸을 이끌어 가지만 아직도 몸에 이끌려 다니는 나를 보면서 가야 할 길이 멀다는 생각에 조바심이 더해지기도 하고, 지기(知己)에 인색한 시대를 살면서 그나마 자신을 알아가는 진리의 자락을 붙잡고 있다는 것에 때로는 안도의 한숨을 쉬기도 합니다.

배워서 알아진 진리가 아니라 살면서 배워진 진리를 말할 수 있는, 삶이 철학 화 된 말씀을 하는 날 비로소 나를 말할 수 있지 않겠습니까. 지금은 말씀을 이루신 아버지를 모시고 사는데 지족(知足) 하면서 그 발자취를 쫓아 나를 재촉합니다.

태어남 자체가 출세(出世)였고 살아있는(生) 날(日)이 곧 생일(生日)이고 보면 기념되지 않은 날이 없으니 이제 어떤 이를 향한 신앙을 넘어 '나를 기념'(고전23장)하는 삶이되기를 바라는 것이 '그 분'의 바람이 아니겠는지요.

영원도 순간으로 채워야 하는 것… 말씀 속에 사는 모든 이들이 영원한 지금을 가꾸는데 일조가 되었으면 하는 바람으로 졸고(拙稿)를 엮었습니다.

저자 김 주 현

차 례

소 대가리
철학

오늘 결혼 한 아들 내외에게 소 대가리 철학을 화두로 선물했습니다.

새끼 호랑이에게 소 대가리를 던져주면 본능적으로 먹거리라는 것을 알아보고 달려들긴 하겠지만 어떻게 해야 할 바를 몰라 주변을 서성일 것입니다. 먹는 법을 가르친다고 이내 알겠습니까. 세월이 지나 성체가 되면 가르치는 이 없어도 스스로 알아지겠지요.

인생이란 게 그런 것입니다.

어른들이 아이들에게 하는 말이나 성인들이 중생에게 하는 말들이 모두 새끼 호랑이에게 소 대가리를 던져줌과 같은 말 아닙니까? 알지만 살지 못하는 말을 어찌 안다고 할 수 있겠는지요. 지식은 아는 것과 모르는 것의 경계가 분명해서 모르는 것이 무식이지만 인생은 알면서도 살지 못하는 것이 무식입니다.

화목을 몰라서 불화합니까?

효를 몰라서 불효 합니까?

위법임을 몰라서 불법을 저지릅니까?

하지 말아야 할 것을 알면서도 하고, 해야 할 것을 알면서도 하지 않는 것이 인생입니다. 심청이 남달리 효를 알아서 효녀가 된 것이 아니고, 춘향이 역시 남달리 열을 알아서 열녀가 된 것도 아닙니다.

안다는 것은 산다는 것…. 알면서도 살지 못하는 것은 나와 관계없는 소대가리 철학에 다름 아닙니다. 마음이 이르러 사는 날이 오면 나의 철학이 되겠지요. 누구에게나 더 이상의 말이 필요한 게 아닙니다. 내 속에 내재해 있는 말씀만으로도 성인군자가 되기에 부족함이 없습니다.

인생은 배워서 사는 것이 아니라 살아가면서 배우는 것…. 지나놓고 보면 '아! 그때' 하고 배워져 있지 않습니까? 실수나 불화도 공부였으니 인생 자체가 공부라 하는 이유입니다.

아들 내외는 이 순간부터 가정이라는 두 사람만의 학교에 입학한 신입생으로서 소 대가리 철학을 화두로 공부하게 될 터인데 오늘 선물 받은 아내와 남편이라는 인생의 교과서가 곧 그것입니다.

그 책은 가르치는 선생이 없으니 스스로가 선생이면서 학생으로, 상대를 가르치는 책이 아니라 상대를 배우는 책입니다. 상대를 배우려 하지 않고 가르치려고만 하면 불화하게 될 것입니다.

모든 존재는 고유의 성질이 있으니 개성이 곧 그것으로, 감자가 고구마 맛일 수 없듯이 너와 내가 태생적으로 다른 사람이었으니 정답게 사는 길은 하루빨리 서로에게 익숙해지는 것…. 결코 그를 내게 길들이는 것이 아닙니다.

이처럼 세상에 한권밖에 없는 책을 선물 받았으니 고마운 일이긴 하지만 실은 평생의 숙제를 안은 것이기도 합니다. 부부라는 책은 평생 읽어도 이해하기 어려운 유일한 책입니다. 어제는 이해되었는가 싶더니 오늘은 이해되지 않고 어쩌면 내일은 이해될 것이라는 희망으로 공부합니다. 서로의 갈등으로 힘들었던 날은 난해한 책을 읽은 날이었고 행복했던 날은 아름다운 시를 읽은 날입니다.

세월이 흘러 부부라는 교과서가 마스트 되는 날 그 교과서가 보통의 책이 아니라 세상에 둘도 없는 경(經)이었다는 사실을 알게 될 것입니다. 모든 경은 사람이 그 목적이었으니 마음이 정상에 이른 이는 사람을 경전으로 여기지만 소 대가리 철학에 머물러 있는 이는 책을 숭배하느라 사람을 놓칩니다.

예수는 사람이 경전이었지만 그 시대의 종교 지도자들은 율법을 지키느라 사람을 놓쳤습니다. 이처럼 자신들이 믿는 예수가 그러했음에도 신앙이 습관화 된 이들은 경을 섬기느라 사람을 놓치는 길을 가고 있으니 소 대가리 철학을 읊조리고 있는 것이라고 밖에 달리 말할 수 없습니다.

오늘도 남 이야기 하듯 살지 못한 소 대가리 철학을 말했습니다.
아직도 소 대가리를 서성이고 있는 나를 봅니다.

염치없는
신앙

"보라 세상 죄를 지고 가는 하나님의
어린 양이로다"(요1:29)

"콩은 닦은 대로 가고 죄는 지은대로 간다."는 속담보다 설득력이 없
는 말입니다.

"세상 어디를 가도 감옥이었습니다."

검거된 범죄자가 한 말입니다.

딱히 그의 사생활을 간섭한 이가 없었지만 스스로에게 옥죄임을 당
했다는 말 아닙니까. 도망자의 자유보다 마음의 감옥이 더 힘들었다는
말입니다.

모든 이가 나의 죄를 잊어도 스스로는 잊지 못하고 모두가 용서해도
스스로에게 용서받지 못하는 것이 마음의 짐이라는 것을 모르는 이 있
는지요. 결자해지(結者解之)와 같은 상식을 뛰어넘는 대속(代贖)이라는

염치없는 믿음은 신학의 산물입니다.

타인을 아프게 한 책임 역시 아픔을 준 이의 몫이어야지 누군가가 대신 책임져 줄 것이라는 몰염치(沒廉恥)한 믿음을 어찌 이해해야 하는지요. 상처는 나아도 흉터는 남는 것…. 과거를 용서한다는 것은 어두운 과거가 없어진다는 말이 아니라 그것을 안고 밝은 미래로 가라는 것이었습니다.

'이보게 뒤를 돌아보지 말게 자네 인생은 과거에 있는 것이 아니라 미래에 있다네…'

과거에 붙잡혀 미래로 나아가지 못하는 이에게 던지는 화두였습니다. 어린 양이 내 죄를 대신 짊어진다는 것도 미래로 시선을 돌리라는 말이었습니다. 비록 과거는 얼룩졌지만 미래마저 흐린 이가 없으니 흠이 없는 미래로 나를 인도하는 것이 어린양이 다가온 의미가 아니겠습니까.

이천년 동안 그토록 구원을 외쳤지만 '구원받은 기독교'(?)만 있을 뿐 세상이 구원받은 흔적이 없는 것을 보면 세상을 버려두고 기독교만을 위한 어린 양은 아니었는지… 어쩌면 또 다른 짐이 되어버린 염치없는 종교를 짊어지고 세상을 걱정하고 있을지도 모를 일입니다.

'세상'을 위하여 길러왔던 선민이 세상을 등지고 선민우월주의에 빠지자 아버지 역시 세상을 위하여 선민을 등졌던 것처럼 어린양 역시 이 시대의 종교를 희생해서라도 세상을 구하고 싶을 것이라는 믿음에 이르러야 비로소 아버지의 아픔을 아는 성숙한 믿음이 아니겠는지요.

충신은 주군에게 고언을 서슴지 않고 간신은 제 잇속을 채우기 위하여 주군의 가려운 곳만 긁는 것처럼 이 시대가 흡사 자신의 잇속만 챙기는 '간신의 신앙'만이 난무하는 것 같지 않습니까. 이러한 행태의 종교가 세상을 구원한다는 것은 미망(迷妄)에 불과했던 것이 역사의 준엄한 교훈입니다.

불효자는 상속에 관심이 많고 효자는 아비의 아픈 마음을 걱정하듯이, 예수는 신(神)이라는 추상명사를 신앙한 것이 아니라 아버지를 모셨던 아들이었기 때문에 세상을 향한 아버지의 걱정을 책임지려고 했을 것이며, 그것이 예수다움이라고 할 수 있는 것 아닙니까.

그러한 마음이 어찌 예수만이겠습니까.

마음이 같은 이는 언제 어디에서나 늘 같은 생각을 합니다. 사기꾼은 늘 속일 생각만 하고 도둑놈은 훔칠 생각만 하듯이, 애국심을 가진 이는 늘 나라를 걱정하고, 마음이 정상에 이른 이는 하늘의 걱정이 눈에 보입니다.

그 누군가를 믿습니까.

내가 믿는 그 믿음 너머에 그분의 아픔이 있을 것이라는 생각을 해본 적은 없는지요. 그분의 마음을 버려두고 내 걱정을 또 보탠다는 것이 염치없어서 차마 부탁을 하지 못했습니다.

우주의

태(胎)

아무것도 없는 어미의 태가 부족함이 없는 공간이었던 것처럼 우주의 태 또한 그러합니다. 어미의 태를 벗어나는 순간 우주의 태가 나를 품습니다. 자연의 모든 것들이 나의 생명을 보장하고 있으니 우주의 태를 감사할 수밖에 없습니다.

물건은 나누는 순간 네 것 내 것으로 구분 되지만 생명은 나누어도 타자(他者)로 구분되지 않는 것… 분명 너와 내가 나누어졌음에도 하나로 느끼는 것이 모체(母體)들이 갖는 본능이듯이 나를 대하는 하늘 또한 그러할 것이라는 것이 논리적인 비약인지요.

"엄마! 왜 울어?"

어미가 우는 사연도 모르는 아이가 따라 울면서 하는 말입니다. 부자지간의 행위는 그렇게 해야 할 '이유'를 알고 행하는 것이 아니라 그냥 그렇게 느낄 뿐입니다.

팔은 안으로만 굽는 것… 밖으로 굽어지면 부러지듯이 부자지간도

'왜'라는 이성적인 상식이 적용되지 않고 '무조건'으로 관계 짓는 것처럼 모든 생명을 가리지 않고 품어주는 우주의 태(胎) 또한 그러합니다.

만나는 이마다 더위를 힘겨워 하지만 여름이 아니었으면 무엇을 먹고 살겠습니까. 여름과일을 먹으면서 더위를 원망하는 것은 젖을 물고 어미를 원망하는 치기(稚氣)와도 같은 것… 여름을 칭찬 할지언정 더위를 원망할 일이 아닙니다. 모든 먹거리들이 따스함이 길러낸 것들이었으니 특히 여름에 감사해야 하는 것은 먹는 이의 도리가 아닐는지요.

봄은 생명의 움을 틔우는 따사로움이 고맙고, 여름은 그 생명을 길러주는 더위가 고맙습니다. 가을은 열매를 익히는 서늘함이 고맙고, 겨울은 수고한 생명을 잠재워서 고맙지 않습니까. 모든 계절이 저마다의 얼굴을 가지고 있으니 이것과 저것을 비교할 일이 아니었습니다.

금과 옥으로 된 전설의 나무와 같이 생명을 나눈 자식이 금지옥엽(金枝玉葉)이어서 무엇이든 해 주고 싶듯이, 나 역시 하나님께 그러한 존재였으니 하늘에 제를 올리는 것이 마땅한 도리(祭天報本)라고 하신 단군성조의 가르침에 고마움을 느낍니다.

가을의 자식들이 숙인 고개를 들지 아니함이 자신을 길러주신 자연에 제를 올림과 같다는 생각에 이르니 스스로를 낮추지 못하는 자신이 부끄럽습니다.

밥상의 차림도 하늘에 제를 올리는 마음이어야 했고, 첫술 또한 음복(飲福) 하는 마음으로 예를 다하는 것이 인간으로 태어난 자의 도리가 아니겠는지요.

원수와
구세주

'가족은 나의 뒤를 보고 타인은 나의 앞만 본다.'

두려운 말입니다.

타인은 포장된 언행으로 서로의 겉만 보지만 가족은 서로간의 삶을 공유하기 때문에 성인도 가정에서는 범인(凡人)이었습니다. '울 밖에는 영웅이 있지만 울안에는 영웅이 없다' 하는 이유입니다.

죽은 성인을 쉬 섬기는 것은 그 분의 삶을 섬기는 것이 아니라 신화화 된 역사를 섬기는 것… 그와 한 공간에서 삶을 공유하지 않았기 때문입니다. 신앙의 처음은 죽은 이를 신앙하지만 결국 그 신앙으로 가족을 신앙해야 하는 것이었으며, 그것을 사회화 하려는 것이 신앙의 목적 아니었습니까.

가족은 모자람을 탓하는 것이 아니라 서로를 채워주기 위함이라는 사실을 모르는 이 있습니까. 서로를 탓하는 소리가 울타리를 넘는 것은 아직도 죽은 성인을 섬기는 고개를 넘지 못한 탓입니다. 가족은 서로간의 아픔도 품고 가야하지만 상대의 그릇됨까지도 안고 가야 하는 것이었습니다.

틀린 것을 틀렸다고 하는 것이 틀린 말은 아니지만 그렇다고 딱히 옳은 말도 아닙니다. 그것마저도 안으로 삭이고 가야 할 일… 내 뱉을 말이 아니라는 말입니다.

제 이익이나 이김을 전제로 하는 말은 항상 무리가 따르는 법… 이김에 집착하는 이는 언제나 수단을 정당화 하는 버릇으로 아전인수(我田引水)에 능할 수밖에 없습니다.

상대가 내 마음에 들지 않습니까.

나 역시 그에게 그럴 것이라는 생각은 해보지 않았습니까.

부부지간이 몸은 합쳤지만 피를 나눈 사이가 아니어서 하나의 사건을 두고도 피의 반응이 다를 수밖에 없습니다. '한 몸'을 이룬 것이지 '한 마음'을 이룬 것이 아니었으니 서로의 생각이 다를 수밖에 없는 것 아니겠습니까.

부부지간은 애틋한 이성(異性)이어야 한다는 착각으로 낭패를 봅니다. 사귐의 시절에는 이성으로 보이다가도 한 몸을 이루면 '동성 같은 이성'인데 신비로운 게 있나요. 톱스타인들 서로 간에 신비로움이 있겠습니까.

다른 지붕을 이고 살 때는 그 남자만을 위한 여자로 가꾸지만 한 지붕 아래가 되면 타인을 의식하고 가꿉니다. 집 안에서는 아내로만 살다가 대문을 나서는 순간 여자가 된다는 말입니다.

아내는 남자와 사는 것이 아니라 남편과 살고, 남편 역시 여자와 사는 것이 아니라 아내와 산다는 것을 잊고서 자꾸만 이성적인 추억에 묶여있는 것입니다. 이성은 얼굴과 외모에 눈길이 가지만 부부는 서로 간에 '마음 씀'으로 정다워지지 않습니까.

모자람을 채워주려고 하면 정다울 수 있지만, 서로를 탓하면 원수로 살 수밖에 없는 것… 허물과 모자람을 넘어 하나 될 수 있어야 성인지경이 아닐는지요.

둘로 있으면 쌀과 물이지만 하나 되면 밥이라는 전혀 새로움이 창조되듯이 모든 존재가 하나를 위한 둘이었습니다. 둘이 둘로 있으면 범인(凡人)이지만 둘이 하나 된 것이 신인(神人)이었으니 사람인 나를 신성(神性))하게 해 줄 구세주를 모시고 사는 것입니다.

'원수와 구세주가 네 집안에 있느니라.'

천국의 흉내를
냅니까.

하늘나라가 마음속에만 있습니까.

마음 밖에는 없는 것입니까.

정말 일체유심조(一切唯心造)입니까.

이 말의 유래는 사후(事後)를 일컫는 말… 사중(事中)이나 사전(事前)에는 쉬 할 수 없는 말이었습니다. 칠흑 같은 어둠에서 이루어 진 말 아닙니까. 지난 일을 두고는 그렇게 말할 수 있지만 삶의 현장에서는 결코 쉬 할 수 있는 말이 아닙니다.

마음의 천국은 불가항력적인 현실에 대한 최소한의 자세를 이름이며, 화엄사상 역시 그것에 다름 아닙니다. 마음을 달리 한다고 십자가가 천국일 수 없고, 해골에 고여 있는 물이 샘물일 수는 없습니다.

행여 일체유심조를 '나쁨'을 대하는 자세만을 이른다고 생각하지는 않습니까. 나쁜 상황에 넘어지기도 하지만 좋은 상황도 그에 못지않으니 좋음을 대하는 자세 역시 마음을 잘 먹어야 한다는 가르침이었습니다. 더 좋을 수 없다고 여겼던 것들도 돌이켜보면 뜬구름 같은 것…지금 내가 누리고 있는 것들도 뜬 구름 같은 것이라는 자각에 이를 때 지금 멈출 수 있지 않겠는지요.

잘난 이가 겸손하기 어렵고 가진 이가 나누기가 어렵습니다. 교만한 것보다 못난 것이 없고 탐욕보다 추한 것이 없는데 행여 지금의 자신이 그럴 수 있다는 사실을 일깨워 주기 위한 화엄(華嚴)이었습니다.

존재와 죽음에 대한 자의식(自意識)은 인간에게만 주어졌으니 '마음 먹는 것' 역시 인간에게만 주어진 특별함이었습니다. 밥을 잘 먹으려는 것이 생명에 대한 자의식이듯 마음을 잘 먹어야 하는 것 역시 영생을 위한 자의식이기 때문에 경(經)이나 종교가 필요한 것 아니겠습니까.

'모든 것'이 마음먹기에 달렸다면 마음 밖의 것은 전혀 의미가 없는 것이라고 착각하는 것은 아닌지요. 종교마다 '그 나라'에 대한 꿈을 접지 못하는 것 역시 하늘이 주신 마음이었습니다. 모든 이가 꿈꾸는 그 나라는 나쁜 처지에서 좋은 마음으로 사는 것이 아니라 좋은 환경에서 좋은 마음으로 사는 나라가 아닐는지요.

경쟁은 있지만 다툼이 없고 욕망은 있지만 필요 이상의 탐욕이 없는 그런 나라여야 한다는 말입니다. 경쟁 없이 생(生)하는 것은 없습니다. 아메바에서 코끼리까지 살아있는 모든 것은 경쟁을 통하여 우수한 유전자를 계승하고 있는 것이 생태계인 것을 보면 하나의 법칙아래 다투지 않고 공정한 경쟁으로 존(存)하는 자연계의 존재양상 그 자체가 하늘나라의 전형(典型)이 아닐는지요.

흔히 화엄사상을 지옥의 환경에서 천국의 마음을 갖는 것으로 착각하기 쉽지만 그것은 자칫 스스로에게 강요당한 마음일 가능성이 많습니다. 대각(大覺) 없이 그러한 마음을 갖는다는 것은 자기도취 내지 자기 합리화일 가능성이 많다는 말입니다. 반면에 천국의 환경에서 지옥의 마음으로 사는 것 역시 자아를 상실한 미아(迷兒)와도 같은 인생이 아니겠는지요.

천국의 환경에서 지옥의 마음으로 사는 것이나 지옥의 환경에서 천국의 흉내를 내는 것이나 불행하기는 마찬가지… 명실 공히 나와 처지를 넘어설 수 있는 마음에 이르러서야 비로소 그 나라의 주인이 될 수 있는 것 아니겠습니까.

'마음이 어디까지 왔습니까.'

지금
그런 神을
믿습니까.

"시체를 모두 태워야 합니다."

"시체를 태우면 주님이 재림할 때 부활을 할 수 없습니다."

"시체를 태우지 않으면 살아있는 사람들마저 전염병으로 다 죽습니다."

"그렇더라도 시체를 태우는 것은 신의 섭리에 어긋나는 일입니다."

"그것도 이해 못할 신이라면 그런 신을 믿어서 뭣 하겠습니까."

십자군전쟁으로 대지를 뒤덮은 시체들을 두고 장군과 사제가 주고받은 말입니다.

지금 '그런 신'을 믿고 있는 것은 아닌지요.

제 손으로 죽여 놓고 부활을 걱정하는 종교의 이중성을 봅니다.

야만적인 침략을 정의로 포장하는 십자군전쟁이야말로 제 필요에 따라 평화의 신을 '전쟁의 신'으로 둔갑시키는 전형이었습니다.

'아름다운 전쟁'이 없는 것처럼 '나쁜 평화' 역시 없음에도 약탈과 살인으로 정복해서 정의로운 전쟁으로 정당화시켜왔던 것이 침략자들의 역사관 아닙니까.

이교(異敎)는 그야말로 나와 다른 종교일 뿐인데도 '이교도=악'이라는 등식으로 상대를 예단하는 것이 종교의 버릇이었습니다. 그를 이교도(異敎徒)로 규정하는 순간 나 역시 그에게 이교도일 뿐이라는 것을 모르는 것입니까.

제 종교나 신념을 중심한 평화가 아니면 나쁜 평화로 규정하고 그때마다 제가 믿는 신을 전쟁을 위한 신으로 둔갑시켜 '아름다운 침략'(?)을 일삼아 왔던 것이 전쟁사였습니다.

신(神) 그 자체가 논리와 이성의 범주는 아니지만 신앙의 행위마저 비이성적이어도 된다는 말은 아닙니다. 이성을 포기하는 것이 훌륭한 신앙인양 호도되고 있으니 종교가 건전한 이성의 공해가 되는 것입니다.

사자부활(死者復活)이나 영생은 죽음의 공포를 극복하지 못한 인간의 나약한 의지가 빚어 낸 자의적인 믿음일 뿐 올바른 사고가 아닙니다.

학교를 위한 학생이 아니라 학생을 위한 학교이듯 종교를 위한 사람이 아니라 사람을 위한 종교였으며, 그것도 사자(死者)를 위한 것이 아니라 산 자를 위한 것일 때 죽은 자의 원(願)도 이루어지는 것 아니겠습니까.

일은 살아있는 이가 하는 것… 고사목에 꽃이 필 수 없듯이 산 자가 아니면 죽은 이가 할 수 있는 것은 아무 것도 없습니다. 죽은 영웅도 살아있는 필부의 몸을 빌리지 않고서는 자신을 나타낼 길이 없지 않습니까.

태산의 그림자가 크다 한들 그림자에 불과할 뿐 한줌의 흙에 비할 바가 못 되는 것은 그림자가 에너지를 갖지 못하는 이유입니다.

흐르는 물은 반드시 바다에 이르게 되어있듯이 꽃이 피고 지는 것이나 해가 뜨고 지는 일상의 모든 것들… 생로병사(生老病死)와 같은 자연의 이치보다 더 명약관화 한 섭리가 있는지요.

태초로부터 한 번도 변한 적이 없는 자연의 섭리를 거슬리는 것이 하나님의 섭리라고 생각하는 신앙은 원시시대의 잔재로 기우제(祈雨祭) 신앙에 다름 아닙니다. 아마도 지금 '그런 신'을 믿고 있는 것입니다.

어렸을 적에 본 아버지는 투정할 것도 많은 아버지였지만 지금 와서 돌아보니 자식을 위하여 못 먹고 못 입은 불쌍한 아버지였습니다. 어렸을 적에 알았던 아버지가 아버지의 얼굴이 아니었던 것처럼 내가 믿는 신 또한 그럴 수 있다는 것에 유의해야 합니다.

"나는 너희들이 믿는 그런 신이 아니니라."
신앙 자들에게 하고 싶은 신의 독백일 것 같습니다.

그런 줄
몰랐습니까.

진정 옳은 것을 믿습니까.

아니면 내가 믿는 것이 옳다는 생각에 사로잡힌 것은 아닙니까. 우주 공간에는 존재하지도 않는 동서남북을 정해놓고 마치 절대적인 진리인양 그렇게 믿고 있는 것처럼 내가 믿는 진리 또한 그럴 수 있습니다.

'여기'는 여기일 뿐 동서남북 어디에도 속해있지 않습니다. 평양은 서울이 남쪽에 있다 하고 부산은 서울을 북쪽에 있다할 뿐 서울은 서울에 있을 뿐입니다. 서울 아닌 곳에서 서울을 규정했을 뿐이라는 말입니다.

동(東)을 규정하는 순간 서(西)가 결정되고 남(南)을 규정하는 순간 북(北)이 결정되는 것처럼 자신의 의식이 그 무엇인가에 매몰되는 순간 그 이외의 것들에 대한 '배타'(排他)가 시작됩니다.

모든 방향은 본래 규정된 것이 아니라 '여기'를 기준으로 설정된 것처럼 인간의 의식 역시 그렇게 '규정'된 것에 길들여질 수 있다는 점에

유의할 때 겸손의 미덕을 가질 수 있는 것이었습니다.

신앙이나 철학을 하는 이들이 자신의 절대무오(絶對無誤)를 쉽게 말하지만 그것이 증오를 낳는 위험한 철학임을 모르십니까. 절대선(絶對善)에 갇히는 순간 절대악(絶對惡)이 규정되면서 건널 수 없는 강을 만듭니다.

형제간의 불화를 두고 옳고 그름에 대하여 장황한 논설을 하였습니다만 그이 역시 제 논리에 빠져있다는 느낌을 지울 수가 없었습니다.

피붙이 간의 불화는 옳고 그름의 문제 이전에 사랑의 문제 아닌지요. 피보다 진한 것이 없다는 것도 완전한 진리가 아닌 듯합니다. 가진 것이 없는 이에게는 피보다 진한 것이 없지만 가진 것이 많은 이들은 가진 것이 피보다 진할 수 있다는 진리가 성립될 수도 있다는 가정을 해 봅니다.

차지할 것이 없음에도 불목(不睦) 하겠습니까. 가진 것이 많으면 지켜야 할 것도 많은 법… 지키려니 싸워야 하고 싸우려니 '옳고 그름'으로 명분을 앞세우는 것입니다. 가장 확실한 명분은 화목 하는 것이며 그것은 옳고 그름을 가려서 이루어지는 것이 아니라 '내려놓을 때' 만이 가능한 일입니다.

"나이 70이 넘고 보니 갖다 버려야 할 것밖에 없어… 내 몸도 갖다 버려야 할 나인데 이 나이에 또 뭘 사…"

쇼핑관광을 강권하는 여행 가이드의 말에 어떤 노인의 중얼거림입니다.

혈기 왕성한 나이에 그 마음이 들었으면 얼마나 좋았겠습니까.

가진 것이 많을 때 그 마음이 들었으면 역사의 주인이 될 뻔했습니다.

젊은이들은 아직 갖고 싶은 것이 많은데 나이 든 이는 버려야 할 것밖에 없다는 것을 보면 나이가 벼슬이기는 한 모양입니다. 굳이 도를 닦지 않아도 나이 들면 반은 도인이 된다는 말입니다.

영원히 가져가야 할 마음까지 다쳐 가면서 가져가지도 못할 것들을 붙잡느라 이전투구를 한다는 것이 무모한 짓이라는 것을 깨치는 날 해탈에 이르겠지요.

더워서 짜증이 납니까.

여름이 본래 그렇습니다.

추위가 싫습니까.

겨울이 본래 그렇습니다.

자식이 속을 썩입니까.

기대가 큰 것입니다.

부부지간에 갈등이 많습니까.

갈등하지 않는 부부도 있습니까.

다~ 본래 그런 것입니다.

"본래 그런 줄 몰랐습니까."

한 두 해 산 것도 아닌데 뭘 그렇게 힘들어 하십니까. 매년 겪는 여름인데 오는 여름을 반길 수는 없는 것입니까.

자연은 계절과 처지를 반겨서 계절의 주인이 되는데 왜 사람들은 자신의 처지와 계절에 맞서려고만 하는지…

삶 자체가 수행이라는 것을 언제쯤 알아지려는지요.

익어야지…

"그냥 말을 해"

원로 연기자가 신인에게 이른 말입니다.

신인은 외운 대본으로 타인의 인생을 연기하고 선배는 자신이 살아온 삶을 연기합니다. 선배도 수 십 년을 연기 한 끝에 할 수 있었던 말이었으니 후배 역시 세월이 지나 연기가 익은 후에 알아질 말이었습니다.

"그의 말을 해…"

설익은 설교는 귀 밖에서 맴도는 일방적인 나의 말을 하지만 익은 설교는 대상이 가지고 온 마음을 말해서 하나로 동화됩니다.

종지기는 종을 쳐 줄 뿐 소리는 종이 내는 것처럼 말씀이라는 것은 그의 마음속에 내재해 있는 말씀의 씨눈을 자극하는 것… 내가 하지만 나의 말이 아니라 그의 말이었습니다.

경(經)이 성인의 말이 아니라 나의 말이면서 내 마음이 곧 경이 되는 이유입니다. 설익은 말은 퍼 나르는 말이지만 익은 말은 익은 마음에서 솟아나는 샘물 같은 것 아니겠습니까.

"힘을 빼…"

프로가 아마추어에게 하는 말입니다.

무엇이든지 못할수록 힘으로 하고 잘할수록 리듬으로 합니다. 정상에 이른 이는 날아오는 공의 구질이 보이고 초보자는 맞히는데 급급합니다.

프로는 근육에 입력된 프로그램에 따라 반사적으로 반응하지만, 아마추어는 물리적인 힘이 더해지면서 자연스러움을 잃어버립니다. 경직된 근육은 탄력을 잃어버려서 힘을 갖지 못합니다.

힘을 빼야 더 큰 힘이 나온다는 것을 느낄 때 잠재된 힘이 나오지 않겠습니까. 진정한 힘은 내가 가진 힘이 아니라 자연의 에너지를 이용하는 것이 힘의 논리였습니다.

소리 내어 부는 바람은 대나무를 흔들기만 할 뿐 눕힐 수 없지만 소리 없이 내리는 함박눈은 대나무를 흔들지 않고 조용히 눕히듯이 강함이 부드러움을 이기지 못하는 이유입니다.

"괜찮아…별 것 아니야."

자식 때문에 속상해하는 아비에게 그 아비의 아비가 점잖게 이르는 말입니다. 아비의 아비도 그 옛날에는 같은 일로 속상해했지만 과거를 추억하는 나이가 되고 보니 아이의 아비가 속상해하는 것들이 별 것 아니었습니다.

지금을 추억하는 날이 오면 지금의 고민도 허튼 웃음거리가 될 것입니다.

속이 상하는지요.

별 것 아닙니다.

익어가는 과정입니다.

"생각하고 말을 해"

하수는 착수 후에 생각하고 고수는 생각하고 착수하는 바둑처럼, 마음이 여문 이는 생각하고 말하고 마음이 덜 익은 이는 말하고 생각하느라 늘 불화의 씨앗을 만듭니다.

젊은이는 마음이 설익어서 생각 없이 한 말로 갈등의 씨가 되기도 하지만 머리에 잔설이 내리면 굳이 말이 아니어도 서로의 마음을 짐작하는 것은 익은 마음이어서가 아닐는지요.

먹고 입는 것은 그토록 가릴 줄 알면서도 언행을 가리지 못하는 것은 마음이 설익은 탓입니다.

다 익어야 할 수 있는 말 아닙니까.

익으려면 기다려야 됩니다.

익은 게 열리는 것이 아니라 열려서 익어갑니다.

사람은 가꿀 뿐 열매 스스로 익어 가는 것처럼 인생도 성장과 더불어 스스로 익어가는 것이었으니 미숙한 이는 앞선 이의 말에 귀 기울여야 했습니다.

어른들의 말이 아이들에게 잔소리로 들리는 것은 제 마음이 잘아서 그렇게 들리는 것일 뿐 결코 잔말이 아니었습니다. '지금' 하지만 '일생'

을 염두에 둔 말이었으니 지금밖에 모르는 아이들이 알아들을 수 없는 말이었습니다.

어디 부모만이겠습니까.

성현들은 '지금 여기서' 하는 말이었지만 역사와 세계 그리고 영원을 염두에 둔 말이었으니 오늘만을 보고 사는 필부들이 그 말씀을 알아듣지 못하는 것 아니겠습니까.

그릇 이상으로 담을 수 없는 물처럼 자신을 위한 굵은 소리를 제 그릇으로 담지 못하고 흘러 넘치는 말을 잔소리라고 생각 하는 것입니다.

세월이 지나 아비의 아비가 되면 어느 날 굵은 잔소리(?)를 하고 있는 자신을 발견하게 될 것입니다.

익어야 색과 맛과 향이 스미어 나오는 것처럼 마음이 익어야 정돈 된 언행이 나오는 것…

익어야 했습니다.

힘이 들어도
그렇게 살아야지

본능을 사랑이라고 착각하는 것은 아닙니까.

전기의 스파크나 자석의 당김이 물리적인 작용이듯 암수의 끌림 역시 그러하고, 남녀의 관심 역시 사랑이라고 착각하다가 낭패를 봅니다. 부부라는 것은 '운명적인 사랑'이 아니라 '운명적인 본능'으로 시작합니다.

오랜 세월을 기다려 장송(長松)이 되는 것처럼 사랑 역시 한 생애를 통하여 길러 가는 것… 혈기 넘친 감정은 사랑의 싹일 뿐 사랑이기에는 건너야 할 강과 넘어야 할 산이 많습니다. 서로간의 강을 건너고 산을 넘으면서 사랑을 창조해 가는 것이었습니다.

사랑은 실체가 없는 것이어서 주거나 받는 것이 아니라 그냥 '하는 것'이어서 사랑의 밀어가 '사랑해' 밖에 없는 것 아닙니까.

하늘에는 공기만 있을 뿐 비나 구름 같은 것은 애시 당초에 없는 것으로 기압에 의해서 그때그때 만들어지는 것이듯, 사랑 역시 하는 자만이 사랑의 주인이 될 수 있기 때문에 서로 사랑 '하라'고 한 것입니다.

시간이 영원하지만 내게 주어진 것은 내 생애가 전부인 것처럼 사랑 또한 무한하지만 사랑한 만큼이 나의 사랑으로, 모든 이에게 공히 그 기회가 주어졌다는 것이 고마운 일 아닙니까.

시간과 사랑은 빌리거나 빼앗을 수도 없는 나만의 것… '한 생애' 라는 짧은 생애를 사랑으로 채우면 영원한 시간과 무한한 그 나라에서 주인이 될 수 있다는 것이 인간을 향한 위대한 축복이었습니다. 스스로의 사랑을 창조하기만 하면 천지의 주인이 될 수 있다는 것이 태초의 약속이었습니다.

사랑 이외의 것은 가질수록 부자가 되지만 사랑은 주어야 부자가 된다는 것을 모르는 이 없건만 가져야 부자가 되는 길을 택하느라 가난한 사랑을 가꾸고 있는 것은 아닌지요.

빈(貧)함을 두려워하거나 고독을 회피하는 이는 사랑의 길을 갈 수가 없습니다. 이기(利己)의 바다에서 이타(利他)의 헤엄을 친다는 것은 일엽편주(一葉片舟)로 대양을 건너는 것과도 같은 것… 한사람을 사랑한다는 것이 결코 한사람이 아니라 인류를 사랑하는 것이었으니 지금 그를 사랑할 일입니다.

'남편이 너무 착해서 힘들어요.'
'엄마 우리 영계(靈界)가면 대박 나겠지…'

사랑스러운 아내의 푸념에
딸아이의 애교 섞인 빈정거림(?)입니다.

천성(天性)적으로 누군가를 위하여 사는 어느 가장(家長)을 두고 엄마와 딸이 주고받는 말입니다. 착해서 손해 보는 이와 사느라 때로는 힘이 들지 모르지만 참 부러워할만 한 대화 아닙니까. 힘들어도 선한 길을 택해야 하는 것이 인생 아니겠습니까.

밟힌 잔디가 아름답게 자라고 짓이긴 차 잎이 향기가 짙듯이 참은 핍박받을수록 역사적인 기념이 된다는 것이 우리의 기억임에 틀림이 없거늘 무얼 그리 망설이는지요.

사랑은 원래 그런 것 아니겠습니까.

오랜 기다림과 조건 없는 희생으로 창조되는 것이 사랑이어서 사랑을 '오래 참음'(고전13)이라고 일렀습니다.

"힘이 들어도 그렇게 살아야지…"

정녕
내 것입니까.

돌이 부딪혀 내는 불꽃이 돌이 가진 불입니까.
천둥소리가 하늘의 것입니까.
한강수가 한강의 물입니까.
달빛이 달의 빛입니까.
피타고라스 정리가 피타고라스의 것입니까.
아인슈타인의 이론이 아인슈타인의 것입니까.

그냥 그렇게 이름 하였을 뿐입니다.

내가 낳았다고 내 자식입니까.
가진 것이 다 내 것입니까.
차지한 그 자리가 내 자립니까.

'내 것'이라는 망상에 사로잡힌 것입니다.

그 무엇에 대한 집착은 머리 위의 구름을 제 것이라 하는 것이나, 잠시 쉬어가는 나무그늘을 제 것이라는 억지 같은 것… 그저 잠시 머물렀을 뿐 내 것이라는 것은 존재하지 않습니다.

먼저 간 이들이 두고 간 것들을 또 제 것이라고 우기는 일우(一愚)를 범하고 있는 것 아닙니까. 삶의 궤적과 감정 이외의 것은 가져갈 수 없는 곳이 영계라는 것을 알면서 가진 것을 제 것이라고 우기는 것을 보면 가장 영악한 바보가 인간인 듯합니다.

진리 또한 그러합니다.

예수나 석가 그리고 공맹의 말씀이 과연 그분들만의 말입니까. 종(鐘)의 대소에 따라 소리의 무게가 다를 뿐 다 같은 종소리이듯이 성인이나 필부나 생각의 근본이 다르지 않으니 경(經)이 그 누구의 말이라고 할 수 없는 것이었습니다.

말로 다 담을 수 없어서 마음에 담고 자식을 바라보는 부모의 마음이나, 성인이 중생들에게 이르는 간곡한 말의 무게가 다르다고 할 수 없으니 이미 성인의 씨가 내 속에 있었습니다. 성현이 이르는 자비(慈悲)와 부모의 자애(慈愛)가 다른 것이 아니었습니다.

사람들은 자신의 의지를 보류한 채 나 아닌 그 무엇을 삶의 중심에 세워놓고 맹신(盲信) 하지만 나를 버려두고 어디에서 그 중심을 찾는지요. 돌이켜보면 좋든 나쁘든 내 마음이 자극받았던 그곳에 내 마음도 머물러 있지 않습니까. 내 마음이 머물러 있는 그곳이 시간과 공간의 중심이었으니 거기가 곧 우주의 중심이었습니다.

어찌 인간만이겠습니까. 존재하는 모든 것들이 그 자리에 있는 것은 거기 있어야 할 필연적인 '의미'가 있었으니 무엇이든 의미를 가지고 제각기 존재하는 그 자리가 천지의 중심이 아니겠는지요.

그나마 채소나 과목은 인간의 필요에 따라 제 이름이 불리어지지만, 이름이 있음에도 필요의 우선순위에 밀려 제 이름으로 불리어지지 못하는 대다수의 들풀들은 '잡(雜)'의 신세가 되어 '잡초'라는 이름 아닌 이름으로 불리어지는 것 아닙니까. '잡놈'이 그 사람에 대한 모욕이듯 '잡초'라는 말 역시 이름을 잊고 사는 것들에 대한 치명적인 결례일 수도 있다는 생각은 해 보지 않았는지요.

이것 또한 인간중심적인 오만이 만들어낸 언어의 질서가 아니겠는지요. 자연을 지탱하고 있는 것은 불러주는 이 없어서 이름을 잊고 사는 대부분의 '들풀'들이었으니 어찌 그것들을 잡초라고 천시할 수 있겠습니까.

분명 땅을 차지하고 있지만 내 것이라고 주장하지 않고 생태계의 조화와 질서를 유지하는 것으로 족해하는 자연이 소리 없이 꾸짖습니다.

'나도 내 것이 아니거늘 내 것이 어디 있어…'

갈 길이
멉니다.

돈은 가진 만큼이 아니라 쓴 만큼이 내 돈이듯이 사상은 아는 만큼이 아니라 산만큼이 내 사상입니다. "행함이 없는 믿음이 죽은 믿음"(약 2:14)이라는 말씀 역시 믿음이 사랑으로 완성한다는 말씀으로, 무슨 사상이든지 사상은 삶으로 완성하는 것… 삶의 전제가 없이 사상을 논하는 것은 사상의 훔침이며, 상대의 처지는 아랑곳 하지 않고 사상만을 주입하려는 것 역시 이보다 더한 폭력은 없습니다.

인민을 위한다면서도 인민의 고혈로 체제를 지탱하는 공산주의가 그러하고, 신국이상을 표방하면서 자살테러를 일삼는 근본주의자들의 신앙이 그러하며, 모순된 삶으로 완전을 노래하는 신앙인들의 삶 또한 예외가 아닙니다.

예수는 사상을 남긴 것이 아니라 삶을 남겨서 그의 삶을 사상화한 것이 기독교였는데 이제 그 종교는 삶의 현장보다 사상에 치중하다 회칠한 무덤이 된 것처럼, 모든 종교의 이중성이 또한 그러합니다. 예수를 아는 것은 예수처럼 산만큼 아는 것… 배워서 알아지는 것이 아니지 않습니까. 어쩌면 교회 안의 교인보다 교회밖에 교인이 더 많을지도 모를 일입니다.

'내가 입덧을 해 보니까 엄마들이 얼마나 수고를 해서 애기를 낳았는지 알겠어…' 딸아이가 입덧을 하면서 하는 말입니다. 서른이 되도록 엄마를 모르다가 자신의 입덧으로 모든 엄마들의 수고를 알았다는 말 아닙니까.

그것으로 엄마를 다 알았다고 할 수 있는지요. 사십에 알아지는 엄마가 있고 오십에 알아지는 엄마가 있는가 하면 죽고 나서야 알아지는 엄마도 있는 것 아닙니까. 지식은 배워야 알지만 인생은 살아봐야 아는 것… 살지 않고 말하는 것을 울리는 꽹과리라고 한 것입니다.

극락이나 천국은 아무도 모르는 미래에 대한 보험이 아니라 지금 여기서 필요한 현금 같은 언어일 때 의미가 있는 것 아닌지요.

추수가 어느 날 갑자기 다가 온 것이 아니라 하루하루 소홀함이 없어야 타작마당을 볼 수 있는 것처럼, 지금이 쌓여 미래가 되고 순간이 쌓여 영원이 되는 것이어서 천국과 극락이라는 말은 지금을 그러한 마음으로 가꾸어서 얻어진 이름입니다.

관계를 맺는다는 것은 고상한 사상을 읊조리며 상대를 관찰하고 판단하는 것이 아니라 애정 어린 마음으로 삶의 연대를 통하여 '처지의 동일함'을 느낄 때 최고형태의 관계를 이루었다고 할 수 있는 것 아니겠는지요.

열악한 처지가 분재(盆栽)를 낳듯이 본질에 도달하는 것은 기쁨보다 슬픔이며 즐거움보다 아픔이라는 것을 이미 경험하지 않았습니까. 겨울에 성장한 나이테가 더 촘촘한 것도 엄동(嚴冬)이 나무를 더 여물게 성장시킨다는 말 아니겠는지요.

타인에게 아픔을 주고 얻을 수 있는 기쁨이 없다는 것과 나의 수고로만이 상대를 기쁘게 할 수 있다는 것을 모르는 이 없으니 만고의 진리를 이미 터득하고 있는데 더 무엇을 배워야하는지요.

지적범위는 끝이 없어서 배움을 중지할 수 없지만 인생은 살아가면서 알아지는 것… '사랑'이라는 단어 하나만 실천할 수 있다면 '다 알고 다 이루는 것'이어서 사랑으로 산 이는 '다 이루었다'는 화두를 남길 수 있었습니다.

멀리 가지 않고서는 넓어질 수 없다는 것을 알면서도 멈춰 있으면서 넓어지기만 바라는 바보처럼, 사랑할 수 있는 것과 사랑할 수 없는 것에 대한 확실한 경계를 가지고 있으면서 경계가 없는 그 나라를 염원하고 있으니 아직도 갈 길이 아득합니다.

피의 호소

소리는 단순한 마찰음이 아니라 생명을 부르는 아픔의 소리였습니다. 호흡과 심장의 울림이 그러하고 바람과 천둥이 그러하며 파도 또한 그러합니다. 자연의 소리들은 생명에 생명을 불어넣는 소리였으니 그것 또한 생명의 소리 아니겠습니까.

어디 자연의 소리만이겠습니까. 대장간의 쇠 소리는 무쇠가 극과 극을 오가며 도구로 탄생하는 아픔의 소리였고, 목수의 망치소리는 마른 나무가 잘리고 깎이며 가구로 탄생하기 위한 아픔의 소리였으니 인위적인 모든 소리 역시 존재의 의미를 불어넣는 생명의 소리였습니다. 의미를 상실한 인간을 향하여 "살았다는 이름을 가졌으나 죽은자"(계3:1)라고 한 것을 보면 존재하는 의미가 곧 그것의 생명 아니겠는지요.

어찌 빅뱅만이 창조의 소리이겠습니까. 들릴 듯 말 듯 한 풀벌레 소리도 스스로는 물론 서로 간에는 생명을 부르는 소리였으니 딴에는 빅뱅에 견줄만한 경이로운 소리였습니다.

입덧을 하는 딸아이에게 며칠을 두고 당부를 하고 있습니다. 어미로서 할 말이 많은가 봅니다. 어미들이 하는 당부가 어찌 그 어미만의 말이겠습니까. 사람을 향한 하늘의 당부가 그러했을 것이었으니 어미의 당부 역시 하늘의 당부였습니다. 어찌 사람 만이겠는지요. 생명을 가진 모든 모체(母體)들의 '모성애' 역시 천지를 창조하신 분의 언어가 아닐는지요. 소리 내어 말하지는 않지만 언어 이전의 언어야말로 천지가 운행되고 지탱하는 언어일 것입니다.

마음의 생명을 일깨우는 경(經)을 일컬어 '생명의 말씀'이라고 하는 것도 그 말씀을 하는 이는 일상적인 언어가 아니라 각고(刻苦)의 수행 끝에 나오는 '피의 호소'이기 때문일 것입니다.

옳은 말은 피와 세포가 공진(共振)하며 순응하지만 그른 말은 피와 세포의 떨림이 다름을 느끼는 것⋯ 자식을 향한 부모의 말 역시 단순한 말이 아니라 피와 세포에서 터져 나오는 생명의 소리였음을 내 자식에게 당부를 하면서 알아가지 않습니까.

물려받은 피는 여지없이 내 혈관에 흐르고, 뼈와 세포 역시 가감 없이 엮여서 모습과 습관마저도 내 부모의 부모 또 그 부모를 닮아 에덴의 사람을 닮아 있지만 나를 향한 하늘의 마음이 내 마음속에 가감 없이 흐르지 않음이 삶의 숙제로 남아 있어 가슴 아리를 하는 것 아닙니까.

패농을 목적으로 농사를 짓는 이 없듯이 자식을 잘 못 기르고 싶은 부모가 없는 것을 보면 창조 역시 모순이 개입되었을 리 없는 것⋯ 언제나 보이고 들리는 부모의 마음을 제대로 알아보지 못하는 자식처럼, 보면서도 보지 못하고 들으면서도 듣지 못하는 마음의 한계를 넘어서지 못해서 저질러진 에덴의 비극이었으니 보고 듣는 날을 기다리는 기다림 또한 창조의 과정만큼이나 인고의 세월 아니겠습니까.

하나님을 볼 수 있는 이가 없으니 장님 아닌 이 없고, 장님인 줄 아는 자 없으니 더듬이에 의존해 사는 달팽이와 다르지 않음을 애써 부정하는 것입니까.

눈뜬 이가 나타나 느닷없이 '너 장님'이라고 일갈하는 말에 놀라 정신을 차리고 보니 장님인줄 알았지만 장님으로 살아온 세월이 너무 길어서 길들여진 버릇을 쉬 고치지 못해 의심과 불신도 일상처럼 반복하는 것 아니겠습니까.

믿음보다 불신이 더 자연스러운 것도 그다지 이상할 것이 없는 것은, 에덴의 시작이 그러했던 까닭이겠지요. 내 다리이면서도 내 다리가 아닌 의족(義足) 때문에 나머지 성한 다리마저도 의족인 양 기우뚱거리는 것처럼, 불신의 피에다 믿음의 피를 수혈 했으니 한동안 저항을 겪을 수밖에 없는 것 아니겠습니까.

업 치 락 뒤 치 락 하면서도 차츰 차츰 제 자리를 찾아가는 날을 기대는 것이 어찌 나만의 소망이겠습니까. 나를 향한 하늘의 기다림이기도 한 것이었습니다.

이 순간에도 나를 향한 피의 호소는 계속되고 있습니다.

허공을
더듬느냐.

그냥 두어라. 저희는 소경이 되어
소경을 인도하는 자로다. (마태복음15:14)

소경이 소경을 인도하겠다는데 누가 말리겠습니까.

자신이 소경인줄 알았다면 소경을 인도 하겠다고 나섰겠습니까. 따라나선 이 역시 나를 인도하는 이가 소경이라는 사실을 알았다면 동행을 허락 했겠는지요. 서로가 서로를 모르면서도 다 아는 양 길을 나선 이들을 누가 막을 수 있겠습니까.

봉사들의 생일잔치는 눈뜬 심청이가 하는 것… 마음의 눈을 뜬 이 만이 하늘을 말할 수 있는 것이어서 성인(聖人)들이 경(經)을 설했던 것입니다.

경(經)은 인격을 도야 한 터 위에 잘 갖춘 환경을 말한 것으로, '잘 사는 것'과 '잘 해놓고 사는 것'을 말하고 있습니다. 수신(修身)과 제가(齊

家)가 올바름이라면 치국평천하(治國平天下)는 좋은 환경을 이룸이고, 생육(生育)과 번성(繁盛)이 바름이라면 만물에 대한 주관(主管)은 좋은 환경을 의미 하는 바, 내가 삶의 주체가 되는 '잘 사는 것' 보다 환경을 삶의 주체로 하는 '잘 해놓고 사는 것' 에만 관심을 집중한 나머지 창조의 질서와 길을 달리하게 된 것입니다.

나무에 앉은 새는 있어도 나무 그림자에 앉은 새가 없는 것처럼, 경(經)은 나무 그림자가 아니라 나무를 말한 것으로 삶의 현장을 이야기 한 것… 어찌 그리도 그림자에 앉은 새를 찾으려 하는지요.

백문(百聞)보다 일견(一見)이 나은 것이라서 누구나 경험된 진실을 원하는 것… 백문이 경험되지 않은 이론이라면 일견은 경험된 실존을 의미하는 바, 하나님에 대한 이론이 아무리 탁월하다 할지라도 백문(百聞)에 불과한 추상(抽象)이었고, 너와 나의 사랑은 일견(一見)이어서 대천(對天)의 완성을 대인(對人)에다 둔 것 아니겠습니까.

"하나님을 확실히 알아야 합니다."
어느 목회자의 말입니다.

목회자라면 누구나 하는 말이기도 하지만…
'확실히' 라는 말을 쉬 할 수 있습니까.
누구나 배우면 확실히 알 수 있는 분입니까.
배우지 않으면 전혀 알 수 없는 분인지요.
가르치는 그이는 확실히 알고 하는 말인지요.

강은 개울이 모인 것이어서 발원지와 끝이 분명 하지만, 바다는 강이 모인 것이 아니어서 끝도 시작도 없는 그냥 '바다'일 뿐입니다. 강은 육지가 담고 있어서 땅의 의식으로 이해할 수 있지만 육지는 바다가 품고 있어서 육지의 의식으로 바다를 이해할 수 없는 일 아닙니까. 바다는 처음부터 바다로 태어났으니 그냥 바라만 볼 뿐 이듯이 하나님은 하나님일 뿐 '확실히' 라는 언어로 접근할 수 있는 분이 아니라는 말입니다.

확실히 아는 것은 '확실히 모르고 있다' 는 사실을 인정하는 것에서 부터 앎으로의 접근이 시작되는 것 아니겠습니까. 신앙의 이유를 하나님에 치중하면 백문(百聞)의 추상(抽象)에 갇히지만 나와 너를 아는 것에 두는 순간 일견(一見)에 이를 가능성이 있는 것입니다.

사람을 버려두고 하나님을 알겠다고 하는 것은 허공에 그림을 그리는 것과 같고, 물 위에 낙서를 하는 이와 같은 백문(百聞)의 대가들… 정작 사람에게는 그다지 관심이 없는 이들이었습니다. 예수가 예수 된 것도 하늘의 시각으로 사람을 본데서 비롯된 것 아닌지요.

하나님을 하늘에서 찾고 있습니까.
허공을 더듬고 있는 것입니다.
본래 봉사는 눈을 뜨는 순간까지 허공을 더듬습니다.

"그냥 두어라."
이보다 더 적절한 말이 없을 듯합니다.

眞我를
찾아서

　'더럽혀진 물'은 있어도 '더러운 물'은 없습니다. 물이 더럽다고 말하지만 이물질이 섞였을 뿐 물 스스로 더러워진 것이 아닙니다. 물이 스스로 정화 될 수는 있어도 스스로 더러워지지는 않는 것처럼 양심 또한 그러합니다. 미숙함과 어리석음으로 잠시 분별력을 잃었을 뿐 바탕까지 흉악한 이가 없으니 개과천선의 여지가 있는 것 아니겠습니까. 먹구름이 짙다고 태양마저 어둡겠습니까.

　수행을 하는 것 역시 양심의 뿌리를 돋우자는 것… 나무는 세월과 더불어 굵어지지만 마음은 나이를 먹는다고 굵어지는 것이 아니어서 수행이 필요한 것 아닙니까. 약을 맛으로 먹는 것이 아니라 몸에 좋다니까 먹어두는 것처럼 수행 역시 그 자체가 좋아서 하는 것이 아니라 마음에 좋은 것이어서 감내하는 것이었습니다.

　'정직'을 흔히 타자와의 관계를 염두에 두지만 어쩌면 문명의 이기라는 사술에 걸려 스스로 정직함을 잃어버린 시대를 살고 있는지도 모를 일입니다.

화장술과 성형으로 정직함을 잃어버린 여인네들의 얼굴이 그러하고, 도시화로 자연을 정직하게 느낄 수 없음이 그러합니다. 속도를 발전의 척도로 여기는 기기들로 인하여 느림으로 얻어지는 생각의 정직함을 잃어버렸고, 온갖 향미(香味)로 정직한 미각을 잃은 것 또한 그러합니다.

나타난 작은 변화를 일컬어 문명의 진화라고 말하지만 인간의 정직한 감각은 오히려 반 진화적이라는 것을 부정할 수 없으니 문명의 치부마저도 문명의 이기로 착각하는 것은 아닌지요.

마음 또한 믿음이나 배움 때문에 직관으로부터 얻어지는 본성의 정직함을 잃어버리고 살지는 않습니까. 분명 옳은 말인데도 사소한 주장의 다름 때문에 상대를 송두리째 부정하는 것을 무엇으로 변명할 수 있는지요. 본성의 정직함을 잃어버렸다는 말 이외에 다른 말이 없을 듯합니다.

차라리 자기변명이나 시비 없이 처해진 자리에서 그냥 그대로 존재하는 자연이 정직의 대명사가 아닐는지요. 온갖 풍상을 가감 없이 맞이하면서 모든 것을 내려놓고 마치 떠날 사람처럼 서 있는 겨울 나목(裸木)이 어쩌면 '정직함'이라는 단어에 적합할는지도 모르겠습니다.

양심이란 애써 '지키는 규칙' 같은 것이 아니라 그냥 그렇게 살아가는 호흡과도 같은 것… 비 양심은 경계 해야 할 일이지만 양심적이라고 해서 돋보일 것도 아니라는 말입니다.

'양심'이라고 말하면 생각나는 글이 있습니다.

하루하루 고물을 주워서 병약한 부모와 어린 동생들의 생계를 이어가는 청소년이 있었습니다. 벌이가 시원찮을 때는 피를 팔아서 끼니를 잇곤 했는데 피를 뽑으러 갈 때에는 냉수를 양껏 들이 키고 갔답니다. 먼 훗날 그 시절의 이야기를 하면서 그가 했던 말입니다.

"그때 나는 양심의 가책 같은 거 받지 않았어…"

피가 많이 나올 거라는 생각에 물을 양껏 들이 킨 것입니다. 그렇게 하는 것은 마치 술에 물을 타서 파는 것과 같은 것이라는 생각에 양심의 가책을 받았던 것입니다. 마신 물이 이내 피가 되는 것이 아니라 해도 그 말을 이해할 수 있는 이가 아니었습니다. 양심을 어긴 것이 아님에도 애써 '양심의 가책을 받지 않았다'는 강한 부정은 양심의 가책을 받고 있다는 자기긍정이었지만 듣는 이의 마음을 짠~ 하게 하지 않습니까.
    누구 하나 추궁하는 이 없음에도 스스로 하는 양심고백이 듣는 이의 양심을 되돌아보게 하는 글이었습니다.

보는 이 없어도 지키고
듣는 이 없어도 고백하는 것
추궁하는 이 없어도 스스로를 질책하는…
양심은 그런 것 아니겠습니까.
양심이 진아(眞我)인 이유입니다.

창백한
맹세

"내가 진실로 네게 이르노니 오늘밤 닭 울기 전에
네가 세 번 나를 부인하리라"(마26: 4)

이것은 특별한 투시력이 아니라 제자들에 대한 평소의 통찰로 그다지 새삼스러운 일이 아닙니다. 믿은 것이 없으니 불신이랄 것도 없지 않습니까.

가진 게 있을 때 잃을 것도 있는 것… 제자들의 믿음 역시 제 필요에 따라 왔다가 필요가 충족되지 않아 돌아선 것이었으니 불신이나 배신이라 할 것도 없다는 말입니다.

'네가 나를 배신하리라'가 아니라 '네 스스로를 배신하리라'고 해야 옳은 표현이 아닐는지요. 맹세를 했다고 그 맹세를 믿었을 예수님이 아니었습니다. 스스로가 맹세하고 스스로를 배신한 것이었으니 불신 역시 예수를 불신한 것이 아니라 스스로에 대한 불신이었다고 해야 하지 않겠습니까.

"내가 주와 함께 죽을지언정 주를 부인하지 않겠나이다
하고 모든 제자도 이와 같이말하니라."(마34:35)

이 얼마나 '창백한 맹세'인지요. 그 분위기에서 안 할 수 없어 한 맹세였으니 내가 했지만 내 말이 아니라 그 '분위기가 한 말'이었습니다. 오히려 이러한 맹세는 제자들을 향한 예수님의 마음으로 '너희가 나를 버릴지라도 나는 너희를 버리지 않으리라' 는 말을 이루지 않았습니까. 허접한 맹세 같은 것은 없었지만 스스로의 맹세를 지켰습니다.

의심하면서 따른 믿음보다 불신한 이들을 죽어서까지 찾아간 예수의 마음이야말로 본받아야 할 것이라서 그 분을 믿는 것 아닙니까. 굳이 신앙이 아니라 할지라도 의리를 목숨보다 소중히 여긴 그 마음자리가 부러운 것 아닌지요.

식구(食口)라는 명사를 입에 달고 살았지만 '식구'라는 단어가 의미하는 변치 않는 사랑이 아니라 헤어지면 그만일 교우에 불과했으니 나의 믿음 역시 창백하기는 마찬가지였습니다.

논리가 아무리 화려해도 삶의 전제가 없는 말은 허약한 가설이며 낡은 교조(敎條)에 불과한 것이었습니다. 논리 정연한 설교는 대부분 머리에서 생산된 말이지만 간증은 가슴에서 발까지 내려와 온 몸으로 생산된 말씀이어서 비록 두서가 없어도 듣는 이의 마음을 적시는 것 아니겠습니까. 삶의 현장을 말하는 것은 말이 아니라 생명의 호흡이면서 세포의 진액과도 같은 것… 듣는 이의 세포에 스며드는 이유였습니다.

사랑의 유한성과 용서의 경계선을 한 치도 넘어서지 못하면서 한계와 경계가 없는 하늘나라를 말하는 것이 얼마나 창백한 믿음인지요.

믿음의 부모가 진정 '부모'입니까.

믿음의 자녀가 진정 '자녀'입니까.

믿음의 형제가 진정 '형제'입니까.

부모와 자녀 그리고 형제라는 명사가 갖는 따스함을 잃지는 않았는지… 돌이켜 보면 이러한 언어에 대한 창백한 추억에 당황하면서 하는 말입니다.

신앙인들의 언어는 어느 것 하나 따숩지 않은 것이 없지만 삶의 현장에서는 온기를 잃어버린 채 창백하기 그지없는 언어들일 수 있다는 반성도 때로는 필요한 일이었습니다.

내리는 '눈'은 하얗고 차갑다는 것이 연상되듯이 언어가 갖는 연상(聯想)세계와 그 언어를 통하여 느껴지는 온도가 있는 바, 나의 언어들은 행여 본래의 온도를 잃지는 않았는지요. 온돌처럼 따뜻한 언어가 얼음처럼 차갑지는 않은지 돌아볼 일입니다.

단심가! (丹心歌)

수십 년을 불렀어도 역시 그 노래는 나의 노래가 아니라 포은(圃隱)의 노래였습니다.

우리
춤을 춥시다.

물건은 골동품이 있지만 지식은 옛것이 없습니다. 고전(古典)은 옛것이 아니라 언제나 우리 곁에 있는 '오래 된 현재'였습니다. '옛 것을 익혀 새것을 얻는다.'(溫故而知新)는 말도 부분적인 진리였습니다. 사서(四書)나 경(經)은 옛 것이 아니라 언제나 '새것'으로 우리의 삶이었으며 우리가 사는 현재 역시 '먼 미래' 아니겠습니까.

사물은 과거와 현재가 분명하지만 고전(古典)은 인류가 축적한 지적 재산으로 지층과 나이테와도 같은 것… 어느 시대나 '현재 진행형'이었습니다. 그렇다고 그것이 지식의 전부일 수는 없습니다.

이미 정형화 된 지식은 진리의 파편일 뿐 경험되지 않은 시간과 공간 모두가 진리였으니 내가 서 있는 의식의 경계선을 넘어설 때 우리가 살아가는 일상이 진리의 호흡임을 자각할 수 있겠지요.

제한 된 공간에서 배우는 것만이 공부인지요.

공부는 사람만이 하는 것인지요.

공부는 삼라만상이 존재하는 형식이었습니다.

새싹이 첫 여름을 보내면서 모진 태풍과 가뭄을 통하여 살아남는 학습을 하지 않았겠습니까. 이제 또 첫 겨울을 보내면서 추위를 견뎌내는 학습을 할 테지요. 모든 생명들이 스스로의 학습을 통하여 지금의 처지에 적응해 온 것처럼, 사람 역시 살아가는 일상이 공부라면 정작 종이에 담겨있는 글들은 지식의 자투리에 불과하다는 말입니다.

아픔에서 건강을 배우고 억울함에서 용서를 배웁니다. 슬픔에서 긍휼을 배우고 고통에서 인내를 배웁니다. 전쟁에서 평화를 배우고 불의에서 정의를 배웁니다. 넘어짐에서 일어섬을 배우고 방황하면서 길을 찾습니다. 지금의 나를 통하여 배움을 얻는 자는 비약하고 배우지 못하는 자는 나락이었습니다.

'공부가 인생의 전부가 아니다' 가 아니라 '인생이 공부'였으니 보이고 들리는 것들 모두가 공부 아닌 것이 없다는 말입니다.

> "군자도 궁함이 있는지요." (君子亦有窮乎)
> "본래 군자는 궁한 것이니라." (君子固窮)
> "소인은 궁하면 흐트러지지." (小人期濫矣)

스승의 가르침에 제자들은 기뻐 춤을 추었습니다.

공자가 먼 여행 중에 배고픈 제자와 주고받은 말입니다. 궁함에도 흐트러지지 않고 배움으로 기뻐 춤을 출 수 있었으니 군자지도(君子之道) 아닙니까.

일상이 공부(工夫)인 이에게는 모든 것이 '드러남' 일 뿐 크고 작음이 아니었습니다. 일각(一角)이 빙산(氷山)의 전부가 아니듯 작은 것은 작게 드러났을 뿐 결코 작은 것이 아니라는 말입니다. 모든 존재를 크고 작은 상품가치로 평가하는 것은 미시적(微視的)이고 천박한 인간의 시각이 아닐는지요.

말보다 드러나지 않은 마음이 크다는 것을 스스로 느끼며 말하지 않습니까. 모든 인과(因果)의 경중(輕重)이 일치하는 법이 없습니다. 원인보다 결과가 클 수도 있지만 결과보다 원인이 클 수도 있습니다.

인과(因果)라는 언어 배열 역시 때로는 과인(果因)이 될 수도 있다는 데 유의해야 합니다. 예컨대 영원한 원인이 없고 영원한 결과는 없다는 말입니다. 씨앗이 결과이면서도 원인이기도 한 것처럼 나 역시 조상의 결과이면서 내 후손의 원인이 되고, 입자가 존재의 원인이기도 하지만 그 존재가 입자로 해체되어 또 다른 존재를 낳게 하는 원인이 되지 않습니까.

인과(因果)에 대한 경직된 사고를 갖게 되는 것도 신인(神人)지간에 그 뿌리가 있다고 해야 하는 바, 과연 신(神)은 원인이기만 한 것입니까. 그러한 생각은 모든 것을 존재론적으로만 보는 단견에서 비롯된 것으로, 존재의 뿌리를 정(情)으로 한다면 정을 자극하는 원인은 오직 나 아닌 '타자'만 있을 뿐 결코 결정론적인 인과론이 아니었습니다.

부모의 감정을 자극하는 뿌리가 자식에게 있는 것처럼, 신의 감정을 자극하는 원인 역시 스스로가 아닌 대상에게 있었기 때문에 "그 지으신 모든 것을 보시니 심히 좋았더라."(창1:31)고 하지 않았습니까.

지금까지 인과론에 대한 결정론적인 시각에서는 신의 아픔은 보이지 않고 나의 아픔만을 호소했지만 유동적인 인과론의 시각으로 보면 나의 아픔에 비할 수 없는 신의 아픔이 보이지 않겠는지요. 비록 아픔이지만 보지 못하던 것을 보았으니 이 또한 다행이 아니겠습니까.

어찌 춤을 추는 이가 호학자(好學者) 안회(顏回)와 자공(子貢) 만이겠는지요. 날마다 깨달음이었으니 춤추는 삶이어야 했습니다.

'우리 춤을 춥시다.'

대롱으로
하늘을 보느냐.

"내가 사람들에게 좋게 하랴 하나님께 좋게 하랴
사람들에게 기쁨을 구하랴. 내가 지금까지 사람의 기쁨을
구하였다면 그리스도의 종이 아니니라," (갈1:10)

쉬운 말을 참 어렵게 해놓았습니다.

좋고 나쁨의 기준이 하늘과 사람이 다른 것입니까.

새끼를 꼬듯 한 말 때문에 제 교회에 충성하는 것만이 하나님께 좋게 하는 것이라는 극단적이 이기주의를 낳게 한 것입니다.

"아무리 큰 선행을 해도 내 종교를 통하지 않는 것은 하나님과 천국에 카운터 되지 않는다. 의성(醫聖)이라 일컫는 슈바이처 박사는 자유주의 신학자로서 예수님처럼 하나님의 뜻대로 살겠다는 신념으로 일생을 아프리카에서 헌신 했지만 종교의 울타리를 벗어난 선행이기 때문에 하나님과는 상관이 없는 행위입니다. 하나님은 교회를 통하여서만이 교통하시기 때문입니다."

기독교를 대표한다는 어느 목사의 설교입니다.

"소가 웃을 일입니다."

부와 명예를 버린 채 아프리카를 위한 삶이 하나님이나 예수가 원하는 바라고 해야 옳은 말 아닙니까. 슈바이처 박사가 종교의 제도권은 벗어났을지 몰라도 하나님의 품은 벗어나지 않았고, 목사는 교회는 지켰을지 몰라도 하나님의 뜻을 저버린 설교를 한 것 같습니다. 교회가 회칠한 무덤(마23:27)이 된 것이 예수님 시절만 이겠는지요.

신학을 하면 오히려 시야가 좁아져서 대롱으로 하늘을 보듯 합니다. 그래서 나는 신학을 '대롱 신학'이라고 말합니다. 어디 신학만이 그렇겠습니까. 종교 역시 '대롱 종교'라서 신앙인들의 시야를 '대롱 시야'로 만들어버린다는 말입니다.

'대롱신앙'으로 제 신학이 만들어 놓은 나라는 갈지 몰라도 만인의 천국은 아닐 듯합니다. 아마 그들이 믿는 또 다른 나라가 있을지도 모를 일입니다.

천지(天地)가 불이(不二)거늘 어찌 그리 하늘과 땅을 달리 말하는지요. 사람에게 좋게 하는 것이 곧 하나님을 좋게 하는 것 아닙니까. '사람에게' 라는 말은 '나' 가 아닌 '모든 이'를 지칭하는 말입니다. 그래서 사람 '들' 이라고 하지 않았습니까.

만인을 버려두고 나만 좋다고 하는 것은 좋은 것이 아니며, 만인에게 좋은 것을 나만 싫다 하는 것 역시 좋은 자세가 아닙니다.

보이지 않는 하나님이나 죽은 예수를 믿는 것은 사람을 위하자고 믿는 것… 이웃을 위하는 것이 곧 하나님과 예수를 믿는 목적이었습니다. 죽음을 위한 종교가 아니라 삶을 위한 종교였고, 신을 위한 종교가 아니라 인간을 위한 종교였다는 말입니다.

나 아닌 모든 이를 좋게 하려면 나를 버려야만 가능한 것… 나를 앞세우고서는 나 아닌 이를 좋게 할 수가 없는 것이었으니 득도의 경지를 말한 것으로, 자식을 향한 부모의 마음 같은 것이었습니다. 부모의 심정이 사회화 될 수 있다면 그 마음자리가 하나님이 좋아 할 마음 아니겠습니까. 비록 그것이 종교가 아니라 하더라도 이타적인 삶 그 자체가 종교였으며 신앙이었다고 해야 하지 않겠는지요.

배운 것이 진리의 전부라는 착각에서 벗어나야 합니다. 종교가 달라도 해와 달이 다르지 않고 계절과 밤낮이 다르지 않다는 것은 진리가 다르지 않다는 말입니다.

유치원이 비록 유치한 것을 가르치지만 유치원생에게는 대학만큼이나 유익한 배움 아닙니까. 산이 낮아도 산이요 물이 개천이라도 물인 것처럼 진리 또한 진리일 뿐 내 것만 진리라고 하는 것은 진리의 문턱을 넘지 못한 이들이 하는 말입니다.

지금 대롱으로 하늘을 보고 있습니까.
대롱을 버려야 하늘이 보입니다.

이제 품고
가야지

풋과일은 나무에 매달려 신세를 지지만 익은 열매는 씨앗 속에 나무를 품고 있듯이, 어렸을 때는 부모가 자식을 품고 가지만 나이가 들면 자식이 부모를 품고 가야 하는 것이었습니다.

"엄마를 이해할 수가 없어요."
"이제 엄마를 이해하고 가야지…"
막내아들과 주고받은 말입니다.

몸은 성숙했지만 마음이 성숙하지 못한 자식을 둔 부모라면 다 경험하는 일 아닌지요. 갈등 또한 성장해 가는 과정이었습니다.
눈높이를 맞추며 때를 기다려 주었던 부모처럼 나이 들어 구태(舊態)를 벗지 못한 부모의 눈높이에도 맞출 줄 아는 자식이어야 성숙한 효자라고 할 수 있겠지요.

부모의 잘 잘못이 보이는 것은 자신이 성장했다는 말이기도 하지만 이성적으로만 성장했을 뿐 아직 여물지 못한 마음일수도 있습니다. 가슴으로의 성장이 아닌 머리로만의 성장은 흑백논리에만 눈이 밝아 품을 수 있는 도량이 갖추어지지 않습니다.

내가 걷지 못하면 안고 갔고 아장거리면 같이 아장걸음으로 보폭을 맞추었던 부모였음을 잊어버리고 자신의 논리만을 앞세우면 서로가 등질 일 밖에 더 있겠는지요.

옥(玉)과 석(石)은 반드시 가려야 가치가 있지만 인간사는 그렇게 가려서 사는 게 아닙니다. 매사에 옥석을 가리는 것은 이해타산을 앞세운 시정(市政)의 논리로, 사랑의 논리는 옥(玉)이 석(石)인양 때로는 석(石)이 옥(玉)인양 묻어 두기도 하는 것입니다. 부자지간은 경우(境遇)보다 사랑과 기다림이 우선하는 것 아닐는지요.

부모가 나를 기를 때 일일이 옥석(玉石)을 가려가면서 기른 줄 아십니까. 인내심을 가지고 용서하며 기다렸던 순간들이 더 많았다는 생각은 하지 않는지요.

정치는 타인의 허물과 실수를 나의 기회로 여기는 것이어서 용서에 인색할 수밖에 없지만 신앙이라는 것은 타인의 허물과 실수를 안고 가려는 것이어서 눈물의 부자가 되어야 하는 것이었습니다.

신앙은 마음의 길을 가는 것… 갈 길을 찾아 제 할 일을 하자는 것이지만, 나의 길을 가면서도 너를 안고 가자는 것이 신앙이었으니 '큰마음'을 가지려고 노력할 지언정 '큰 것'에 마음 쓸 일이 아닙니다. 큰 것에 집착하는 순간 상대적으로 마음은 작아져서 사리를 놓치게 되는 것이 마음입니다.

고래는 대양을 넘나들지만 미꾸라지는 개울을 벗어나지 못하고, 대호(大虎)는 산맥을 넘나들지만 토끼는 뒷동산을 벗어나지 못하는 것처럼 초월도 마음의 크기만큼 할 수 있는 것 아니겠습니까.

지금 내 마음을 붙잡고 있는 것이 무엇인지요.
그것이 내 마음의 크기였습니다.
그러고 보니 나 또한 개울과 뒷동산을 벗어나지 못하는 신세였습니다.

사는 게
두렵지요.

죽음도 두렵지만

지금 이렇게 사는 것이 더 두려운 일 아닙니까.

위하지 못하는 것…

사랑하지 못하는 것…

용서하지 못하는 것 …

알면서도 살지 못하는 것이 두려운 것입니다.

의인은 그렇게 살지 못하는 것을 두려워하고, 필부는 죽는 것만을 두려워합니다.

십자가에 매달리는 것이 두려운 것이 아니라 고통을 못 이겨 하나님을 불신하는 것이 더 두려웠고, 미움을 못 이겨 원수를 용서하지 못할까봐 더 두려워했을 예수였다고 해야 하지 않겠습니까.

지금 용서하고 사랑하는 것이 나도 알 수 없는 과거의 매듭을 푸는 것이라면 행여 내가 만든 매듭 때문에 미래의 누군가가 그 매듭을 푸느라 쏟아야 할 눈물을 염두에 둬야 하는 것 또한 인생이었습니다.

같은 십자가를 두고 예수는 마음의 매듭을 묶지 않아서 세계적인 기독교 문화를 낳게 했다면 유대교는 이천 년 동안 풀지 못할 매듭을 만들어서 이스라엘에 갇힌 신세가 되었습니다.

마음으로 사는 이들은 매듭을 풀기 위하여 사는 것이었으니, 의인들의 삶이 그러하고, 메시아의 삶이 그러했으니 정녕 두려워해야 할 것은 그렇게 살지 못하는 내 마음이었습니다.

자신에게 추상(秋霜)같은 이는 타인에게는 봄날 같고, 타인에게 추상같은 이는 자신에게만은 한없이 자비롭지 않습니까. 지금 그대가 우러러보는 그분의 삶이 나의 삶이 되지 못함을 두려워할지언정 시비할 일이 아닙니다.

자연은 생명의 원리를 따라 흐르는 물과 같아서 다툼이 없고, 죽음마저도 생명의 한 흐름이어서 도대체 연연함이 없거늘 왜 흐름을 역행하면서까지 그토록 집착하는지요.

지금 무엇이 나를 그렇게 초조하게 합니까.

잃을까봐?

죽을까봐?

마음을 이룬 이는 잃어도 잃은 게 아니며 죽어서도 더 크게 살아나는것...

마음을 이루지 못하면 가진 것도 내 것이 아니요, 살아도 사는 것이 아니라는 것을 모르는지요.

　그저 그렇게 사는 것을 더 두려워해야 할 일이었습니다.

　"이렇게 사는 내가 두렵습니다."

진화를
모르는 종교

'부활대망예배'
전직 대통령의 영결식 예배 제목입니다.

시간과 더불어 변하지 않는 것이 없지만 유일하게 변화를 거부하는
것이 있으니 종교가 곧 그것입니다. 종교는 시대와 더불어 흘러갈 뿐
태동에서부터 사라질 때까지 진화를 모르는 것이 그 속성입니다.

죽음을 이길 수 없는 육신의 생명에 붙잡힘으로 출발한 종교가 오늘
날까지 '송장부활'이라는 허구에 붙들려 있는 것이 그것 아닙니까. 한
나라의 대통령을 하신 이도 그러한 허구에서 벗어나지 못하는 예배의
주인공이 되고 있으니 언제쯤 허망(虛妄)에서 벗어날 수 있겠는지요.
아마도 종교의 진화를 기다리느니 차라리 고사목(枯死木)에 새싹을 기
대하는 것이 옳을 것 같습니다.

시대와 더불어 변하지 못하면 시대가 그 종교를 뒤로 하고 새로운 종

교를 요청했던 것이 역사이고 보면 이 시대의 종교 역시 임종이 멀지 않았다는 것을 암시하는 것 아니겠는지요.

20세기 이전에는 의식의 대부분을 종교가 지배했지만, 21세기는 종교가 단 몇 퍼센트의 영향을 미칠 뿐 대부분 종교 이외의 것에 의해서 의사 결정을 하는 것으로 사회 구조가 바뀌었다는 것을 읽지 못하는 것입니까.

서양문화의 뿌리가 기독교라는 것을 부정할 수 없지만 종교로서의 기독교는 이미 '추억의 종교'가 되어버린 지 오래라는 것을 모르는 것인지, 아니면 우리는 예외일 것이라며 애써 외면한 채 억지를 부리는 것은 아닙니까.

생중계로 온 국민이 지켜보는 앞에서 '송장부활' 을 '부활대망예배' 라는 그럴듯한 언어로 포장해서 스스로도 믿지 못할 짓을 하고 있으니 한국의 기독교도 머지않아 건전한 이성으로부터 멀어지는 추억의 종교가 될 것 같습니다.

생명이라는 말 자체가 죽음을 전제한 말로 죽지 않는 생명도 있습니까. 병원은 육신의 생명을 다루고 종교는 마음의 생명을 다루는 것… 영원한 생명을 잊은 채 한시적인 생명에 붙잡히게 된 것이 떨어짐(墮落)이었으니 "살았다는 이름을 가졌으나 죽은 자"(계3:1)라는 자각을 전제로 죽지 않는 생명을 가르치려 했던 예수 아니었습니까.

떨어지는 낙엽이나 꽃잎, 되돌아오지 않는 강물을 보고 슬퍼하는 이 없거늘 탄생과 더불어 예정된 필연적인 죽음 앞에 어찌 그리도 비굴한지요. 피고 지는 자연의 흐름은 자연스럽게 여기면서 죽음이라는 자연스러운 흐름을 거부하는 데는 왜 그토록 필사적인지요.

신앙을 하는 것은 생로병사(生老病死)가 없는 세상을 꿈꾸는 것이 아니라 그것 앞에 초연할 수 있는 나를 얻자는 것이었습니다. 오면 가는 밤낮이나 계절이 그러하듯 생로병사가 그러한데 자연의 흐름을 거슬리는 것을 신앙인양 가르치고 있으니 종교가 비이성의 대명사가 된 것입니다.

　　불사(不死)를 대망(大望) 하십니까.
　　다~ 허망(虛妄)입니다.
　　생자필멸(生者必滅)입니다.

사실과

고백

제자가 싱글 벙글 하며…

"여자 친구가 생겼습니다."

"예쁘냐?"

"예 정말 예쁩니다."

"저 구원 받았습니다."

"정말이냐?"

"예 정말 구원 받았습니다"

어딘가 비슷하지 않습니까.

정말이라고 할 만큼 예쁜 것은 아닌데도 '정말'이라고 한 것이나, 별로 달라진 것이 없음에도 구원을 확신하는 것 모두 사실이 아닌 고백이었습니다.

내 사랑이 예쁘지 않은 사랑도 있습니까.

모든 사랑이 절대와 영원을 전제로 고백하는 것처럼 신앙 역시 '사실'이 아닌 '고백'인데 마치 '사실'인 양 믿음을 강요하는 것은 예쁘지 않은 여인을 예쁘다고 강요하는 것과도 같은 것, 자칫 정서적인 착취(?)일 수가 있습니다.

종교적인 언어들이 동종(同宗)끼리는 표준어지만 이종(異宗)간이나 비종교인에게는 생소한 '방언'(?) 아닙니까. 예컨대 '구원'이나 '속죄'라는 말은 그 어디에도 논리적인 근거가 없는 자기만의 고백으로, 그러한 언어들에 적응하기 위하여서는 많은 시간과 노력이 필요한 것이었습니다.

과학은 사실에 기초한 것이어서 논리적인 근거가 분명하지만 종교는 고백에 기초한 것이어서 논리적인 근거를 요구할 성질의 것은 아닙니다만, 그렇다고 모든 고백이 사회적인 상식이기를 바라는 것은 또 하나의 정서적인 공해가 될 수 있다는 말입니다.

"하나님의 나라는 볼 수 있게 임하는 것이 아니요…
너희 안에 있느니라."(눅17:20)

'볼 수 있게'라는 사실적인 현상을 기대하는 이들에게 예수님은 '너희 안에'라는 본질적인 고백을 말했으니 예수답지 않습니까. 예수님은 억울한 죽음의 자리에서도 그 나라를 품고 죽은 것 아니겠습니까.

예수의 가르침이 그러함에도 절박한 종말론으로 '볼 수 있는 나라'가 곧 임할 것처럼 끝없는 긴장감을 조성하는 것은 기만일 수 있습니다. 종말론 자들이 말한 대로 그때마다 종말이 이루어졌더라면 천지가 남아있었겠습니까. 내 안에 그릇된 나를 종말 하는 순간 나의 나라가 이루어지는 것이거늘…

'내 안에' 이루어지면 언제 어디에서나 내가 있는 그곳이 '볼 수 있는 나라'지만 그 나라가 이루어진다고 해도 내 안에 이루어지지 않는다면 그 나라에서 통곡할 일만 있겠지요. 어디든지 갈만 한 사람이 가고 살 만 한 사람이 사는 것 아니겠습니까.

사람들은 흔히 종교를 '용서와 관용'의 상징어로 생각하지만 그것은 타자에 대한 우월적인 언어로, 가장 독선적인 이익공동체가 종교의 본래적인 얼굴이라는 것을 간과한 말입니다.

상거래는 서로가 이익을 보면서 공존하자는 것이지만 종교는 '타자배제 내지 타자소멸'을 기본원칙으로 하고 출발합니다. 이슬람의 세계화나 기독교의 복음화가 그러하고 불국정토가 그러합니다.

모든 종교의 궁극적인 목표는 자신의 종교만으로 세계화를 해야 한다는 것과, 역사는 나와 내 종교의 태동을 위한 자양분이었다는 것에 기초하기 때문에 내 것의 세계화를 위해서는 살인이 순교라는 이름으로 미화되고 전쟁이 성전(聖戰)으로 정당화 되었던 것이 끔찍한 역사였으며 이것은 현재진행형이기도 합니다.

"너희는 신의 섭리를 위하여 거룩한 순교의 길을 가는 것이다. 너희가 죽는 순간 알라신의 품에 안길 것이다. 너희로 인하여 죽는 사람들에 대하여 두려움이나 양심의 가책을 가질 필요도 없다. 그들 역시 신의 섭리를 위하여 제물이 되는 것이다."

자살테러를 위하여 훈련받는 전사들을 교육하는 내용입니다.

제삼자의 귀에는 끔찍하게 들릴지 모르지만 줄을 서서 차례를 기다리는 전사(?)들에게는 심장이 요동칠 만큼 감동적일 것입니다. 이것이 사상이며 종교적인 고백이라는 것입니다.

행여 이슬람 근본주의자들만이 그렇다고 생각하는 것입니까. 정도의 차이가 있을 뿐 어떤 희생도 축복으로 정당화되는 것이 모든 종교가 갖는 이기성이라는 것은 다르지 않습니다.

종교 명멸(明滅)의 역사를 보면서 제 종교의 '유일성'에 대한 믿음이 부질없는 허욕이라는 것을 보지 않았습니까. 자기만이 유일한 진리라며 영원히 존재할 것처럼 출발했던 종교들이 수 천 년 혹은 수 백 년의 역사를 뒤로하고 몇 개의 돌기둥만 남긴 채 사라져 갔습니다. 종교가 사라져 가면서 그들이 믿는 신도 같이 사라져 간 것입니다.

오늘도 구원의 고백을 하십니까.

그 고백은 가슴에 담아 두어야 할 일…

구원의 진정한 고백은 나를 향한 타인의 고백일 것입니다.

"당신은 정말 구원받은 분입니다."

그놈의 神

시집 간 딸이 가정폭력을 견디다 못해 어린 아들을 앞세워 친정으로 돌아왔지만 종교적인 전통과 가정의 명예를 추락시켰다는 이유로 다시 돌아가라며 손찌검까지 합니다.

결국 친정에서도 쫓겨나 보호센터에서 생활하며 직장생활을 하던 중 보호센터 사장이 나서서 친정 식구들에게 딸과 외손자를 받아들이라고 간곡하게 권유하지만 일언지하에 거절당하며 문전박대를 당합니다.

사장을 배웅하는 아버지
"신(神)의 축복이 함께 하시길…"
사장
"제발 그놈의 신 이야기 이제 좀 그만 하세요"
실화에 기초한 영화의 한 장면입니다.

딸이 용서받아야 할 짓을 한 것도 아니었습니다. 가족 모두가 '신의 축복'을 입에 달고 살면서도 고통 받는 딸을 사랑할 수는 없었습니다.

결국 종교적인 신념과 가정의 명예를 지킨다는 명분으로 딸과 손자를 죽이려다 손자만을 죽이면서 막을 내립니다. 신의 이름으로 '그놈의 신'이 되게 한 것입니다.

지금 '그놈의 신'을 믿고 있는 것은 아닌지요.

용서와 사랑을 입에 달고 살면서도 넘을 수 없는 울타리를 만들어 놓고 심판이나 테러를 일삼는 것이나, 신을 자기 합리화를 위한 수단쯤으로 생각한 나머지 모든 것을 '신의 뜻'이라고 윽박지르는 것 모두 본래의 신이 아니라 그놈의 신을 믿고 있기 때문이었습니다.

행여 자신의 그릇된 신념을 신의 뜻이라고 착각하는 것은 아닌지요. 지동설(地動說)의 시대를 살면서도 해가 '뜨고 진다'는 천동설(天動說)의 잔재가 마치 사실인양 일상어가 되어버린 것처럼 자신들이 만들어 놓은 허접한 규칙이나 이론 따위를 신의 뜻이라고 생각한 나머지 '그놈의 신'의 이름으로 정죄를 일삼고 있지는 않는지요.

가치관의 혼돈은 수단이 목적 화 되면서부터 시작되는 것… 그 어떠한 명분도 '사람'보다 우선할 수는 없는 것이었습니다. 모든 종교의 시작은 사람을 목적으로 하지만 결국 사람이 종교를 위한 수단이 되면서 잘못된 길을 가지 않습니까. 이것은 흡사 수영장에 갔다가 물에 빠져죽는 형국에 다름 아닙니다.

환자가 병원을 찾는 것은 나보다 나를 더 잘 아는 이에게 내 몸을 맡겨서 병을 치료하자는 것이듯, 신앙이라는 것 역시 '믿을 수 있는 분을 믿어서 믿을 수 있는 나를 가꾸자는 것' 이었습니다.

'신이 믿을 수 있는 나'를 찾으러 갔다가 결국 '신이 믿을 수 없는 종교'에 빠지면서 나 역시 그놈의 신을 믿는 나로 전락할 수 있다는 말입니다. 누구나 제 종교를 열광적으로 믿지만 과연 하나님도 현하 종교들을 믿을 수 있다고 생각하는지요. 예수를 믿는 종교지만 예수가 믿을 수 없는 종교일 수도 있다는 생각도 해 봄직 하지 않습니까.

'그놈의 신'이 되게 하는 것이나 '그 분'이 되게 하는 것 모두가 사람의 손에 의하여 좌우되는 것이었습니다.

그 분을 믿습니까.

그 분이 오늘의 나와 우리를 믿지 못할 수도 있다는 절박함이 있어야 하지 않겠는지요.

신앙자의 영원한 화두였습니다.

혼수준비

"혼수준비에 정신이 없습니다."
아들 혼사를 앞둔 부모의 말입니다.

인륜지 대사를 치르는데 오죽이나 준비할 게 많겠습니까만 혼수를 잘 준비하면 잘살 수 있는 것입니까. 결혼'생활'은 혼수와 사는 것이 아님에도 왜 그리 혼수에 집착하는지요. 정작 준비해야 할 것은 내가 먼저 배려하고 베풀겠다는 '마음'이었습니다.

공맹(孔孟)은 삶의 기본을 수신(修身)으로 하고 제가(齊家)와 치국(治國)을 도모하라고 하지 않았습니까. 성서 역시 "생육(生育)하고 번성하여 만물을 주관하라"(창1:28)고 해서 자기수신을 제일의 화두로 하라는 것이 하늘의 부탁이었습니다.

수신에는 관심이 없고 제가와 치국에 몰두하는 것은 문맹(文盲)자가 소설을 쓰겠다는 방자함과 무엇이 다르겠는지요.

역사를 의식하는 이는 수신에 마음을 다하고 지금만을 보는 이는 치국에 몰두합니다. 수신을 도외시한 채 천하를 도모하려는 것은 쪽박으로 바다를 재려는 무모함과도 같아서, 영웅의 치세는 흘러가는 물과 같고 스쳐가는 바람과도 같은 것이었습니다.

마음에 드는 상대를 찾았습니까.
마음에 들지 않는 결혼을 하는 이도 있는지요.

모두가 제 마음에 들어서 하지만 살아보면 마음에 들지 않는 구석이 더 많을 것입니다.

최선(最善)과 최악(最惡)은 만남에서 비롯되는 것이 아니라 서로 간에 위하겠다는 마음의 준비 여부에 따라 결정된다는 말입니다. 마음만 준비되면 누구와 결혼해도 천생배필로 살아갈 수 있지만 준비되지 않은 마음은 끝이 보이지 않는 어두운 터널일 수 있습니다.

연애는 '나 아닌 얼굴'로 만나는 것이라 언제나 설레지만 결혼생활은 민낯으로 서로를 바라보는 것이었으니 준비되지 않은 마음으로 산다는 것은 모험과도 같은 것… 자칫 '화려한 무덤'이 될 수 있는 것이 결혼생활입니다.

부부지간이라는 것은 삶 그 자체가 서로에게 희생하는 것이었으니 베푼다는 것이 새삼스러울 것도 없는 것으로, 거기에 더해야 할 것이 '다름을 인정하는 것' 이었습니다. 서로 다른 문화적인 배경아래 살아왔으니 다름을 인정하고 맞춰가야 하는 것이 부부생활이라는 말입니다.

'다름'은 맞춰가야 하고 '틀림'은 고쳐야 하는 것… 부부지간의 불화는 틀림에서가 아니라 다름에서 비롯되는 것이 대부분 아닙니까. 체질

(體質)이 천부적이듯 기질(氣質)도 천부적이어서 죽는 날까지 안 바뀌는 것이 '질(質)'인데 나와 다름을 바꾸려는 것은 하늘도 하지 못하는 것이었으니 그것 때문에 불화한다는 게 얼마나 무모한 소모전인지요.

양(量)은 쉬 바꿀 수 있지만 질(質)은 바꿀 수 없는 것… 질의 다름을 바꾸겠다는 것 자체가 주제넘은 객기라고밖에 달리 말할 수 없습니다. 모든 것이 서로 달라서 조화와 창조가 이루어지듯이 사랑이라는 것도 다름을 인정하는 데서부터 창조가 시작되는 것이었습니다.

행여 마음의 준비는 시작도 하지 않은 채 살고 있는 것은 아닙니까. 마음은 한 날 한 시에 준비되는 것이 아니었으니 깨친 그날이 빨리 와야 하지 않겠는지요.

세월을 다 놓치고 보니 나오는 말입니다.

독생자
일반론

아담의 자손이 아닌 이도 있는지요.
단군의 자손이 아닌 한국인도 있는지요.

누구의 자손이라는 것은 가시(可視)적인 것이지만 하나님의 자식이라는 것은 불 가시(不 可視)적인 것이어서 "나를 본 자는 아버지를 보았다…"(요14:7~) 는 말을 붙들고 예수만을 쳐다보고 있는 것 아닙니까.

스스로를 하나님 시 한 이 말은 '자신만'이 아니라 '사람이 하나님의 형상이거늘…' 이라는 말로, 모름지기 인간이라면 누구나 하나님의 신성(神性)을 가졌다는 '신성의 일반성'을 말하려던 예수였다고 해야 예수다운 말씀이라고 할 수 있지 않겠습니까.

창세 이래 제대로 한 '사람노릇'을 두고 '하나님노릇'을 한 예수로 둔갑시킨 것이 신학으로, 둔갑의 천재성을 가진 것이 신학이었습니다.

사람들이 신앙의 대상으로 하는 성현(聖賢)들 역시 '신선(神仙)노름'

을 한 것이 아니라 사람노릇에 충실해서 된 이름 아니었습니까.

스스로가 사람노릇을 제대로 하지 못하고 있다는 자각이 전제되지 않는 한 숭배의 신앙은 지속될 수밖에 없으며 종교적인 충돌 또한 더 심화될 수밖에 없는 것 아니겠습니까.

> "하나님이 세상을 이처럼 사랑하사 독생자를 주셨으니
> 누구든지 믿으면 영생을 얻고…"(요:16)

이것 역시 예수가 '독생자 노릇'을 하기 위하여 온 것이 아니라 누구나 독생자가 될 수 있다는 '독생자 일반론'을 말 하려고 한 것으로, '나만' 이라는 생각이었을 리가 없는데 실상은 독생자 '노릇'을 하게 만든 것이 신학이며 종교였습니다.

'영생'은 죽음의 공포를 극복하지 못한 인간의 마음이 반영된 희망사항으로, 영원히 죽지 않는다는 말이 아니라 '영원한 생명에 대한 눈을 뜬다' 는 말로 눈을 뜨는 순간 누구나 독생자적인 삶을 살 수 있다는 것이 하나님의 희망사항 아니겠는지요.

모든 이가 부처가 될 수 있다는 '부처 일반론'을 말한 석가와 같이, 누구나 예수와 같이 될 수 있다는 '독생자 일반론'에 이르지 못한 채 '예수만'이라는 생각에 사로잡히는 순간 예수는 기독교만을 위한 예수로 전락할 수밖에 없는 것입니다.

'나만' 이라는 의식이 종주(宗主)들이 갖는 독생자 콤플렉스라면, '우리만'이라는 선민의식 콤플렉스는 종교인들이 갖는 집단의식으로, 공히 나와 세상을 유리시키는 것이 역사의 경험이었습니다.

소금이 녹아야 소금물을 얻을 수 있는 것처럼 독생자나 선민의식을 내려놓아야 모두가 독생자로서의 선민이 될 수 있는 것이었으니 때가 되면 내려놓아야 할 것이었습니다.

붙잡을 때가 있으면 놓을 때가 있어야 하는 것⋯ 내려놓을 타이밍을 놓치는 순간 내가 붙잡고 있는 그것의 무게를 견디다 못해 스스로를 침몰시키는 것이 자연의 지엄한 법칙이었습니다.

　　　　독생자를 믿습니까.
　　　　예수가 말합니다.
　　　　너와 모두가 독생자니라.

하늘의 소리

"하늘에 소리가 있어 이는 내 사랑하는 아들이라…"
(마3:17)

하늘이 말을 하는지요.

하늘이 말을 해야만 하늘의 아들인지요.

산마루가 하늘에 닿아 있는 것처럼 사람의 마음이 하늘과 맞닿아 있어서 민심(民心)을 천심(天心)이라 했습니다.

하늘을 머리에 이고 살면서 또 다른 하늘을 찾는 것이나 하늘과 맞닿아 있는 마음을 가졌으면서 하늘의 말을 찾는 것이나 어리석기는 마찬가지… 하늘과 나를 달리 생각하는 데서 비롯된 마음입니다.

하나님을 '아버지'라고 배웠지만 이름만 아버지일 뿐 피부로 느끼지 못하는 아버지이기 때문에 스스로도 '아들'이라는 실감을 하지 못한 채 그야말로 신앙(信仰)을 하고 있는 것 아닙니까.

가친(家親)은 사정을 공유하기 때문에 부자(父子)의 감정이 분명하지만 하나님은 사정이 공유되지 않기 때문에 감정마저도 추상적일 수밖에 없는 것입니다. 효도는 실체가 있어서 정성을 다 해야 하지만 제사는 실체가 없는 것이어서 습관적으로 기념만 해도 되는 것 아닙니까.

존재는 인정하지만 사정을 살필 필요까지 없는 제사와 같이 예배 역시 제사를 모시듯 하는 예배인데 하나님의 사정을 살필 일이 있습니까. 울면 해결되는 어린아이처럼 구하면 주시는 하나님을 믿는 것 아닙니까.

하나님이 인류의 부모라면 세상을 향한 걱정에 마음 둘 곳이 있겠는지요. 마찬가지로 하나님의 걱정을 아는 자식이라면 세상을 보면서 편한 잠을 잘 수 있겠습니까.

"하나님이 세상을 이처럼 사랑하사…"(요3:16)라는 말은 그러기를 바라는 인간의 마음이 반영된 말로, 하나님의 마음을 반영 했더라면 '하나님이 세상을 이처럼 걱정하사…' 라고 했어야 할 말 아닙니까. 예수님은 하나님의 걱정을 책임지려다 하나님께 제 걱정을 떠맡기려는 이들로부터 저항을 받은 것입니다.

고향을 등진 채 30년간 어디서 무엇을 했는지에 관한 기록은 없지만 그냥 그렇게 세월만 보냈겠습니까. 각고(刻苦)의 수도(修道) 끝에 사자후(獅子吼)를 토한 것 아니겠습니까.

성불(成佛)하신 대덕(大德)이 '너는 부처'라는 소리를 들어서 아는 것이 아니듯, '내 아들'이라는 소리는 자기를 이룬 이만이 들을 수 있는 소리로, 귀 밖에서 들려오는 하늘의 소리가 아니라 자기 속에서 울려나온 마음의 소리였을 것입니다. 그 소리가 곧 하늘의 소리이자 마음의 소리로 누구나 들어야 할 소리 아닙니까.

속가(俗家)에서의 인정은 상대적인 것이라서 서로가 서로를 평가하기도 하지만 마음의 길을 가는 이는 타인의 시비가 중요한 게 아니라 내 마음으로부터 인정받아야 하는 것이어서 '마음의 소리'에 귀 기울여야 한다는 말입니다.

평생을 믿었는데도 '너는 내 아들'이라는 마음의 소리를 듣지 못하고 있으니 이러다가 효도는커녕 제사만 모시다가(?) 끝나지나 않을지 조바심이 납니다.

마음으로부터 스스로에게 인정받은 이는 온 놈이 온 말을 해도 거리낄 게 없지만 스스로에게 인정받지 못하면 받은 칭찬만큼이나 부끄러움도 비례하는 것…

오늘도 하늘의 소리를 기다리는지요.

태어나면서부터 내 속에서 한 순간도 떠나지 않고 내 스스로 들을 수 있는 그 날을 기다리는 소리가 있었습니다.

"이는 내 사랑하는 아들이라!!"

신학의
아들 예수

'너 다리 밑에서 주워왔어'

어린 시절 한번쯤은 들어본 이야기입니다.

놀리는 말인 줄 알았던 그 말이 만고의 진리였습니다.

자신의 본적지가 부모님의 다리 밑이 아닌 이도 있습니까. 예수 석가 공맹도 모두 다리 밑에서 주워온 이들입니다. 위인들은 하나같이 탄생을 설화(說話)화 했지만 '다리 밑 출생'보다 더 훌륭한 계시가 있습니까.

진리는 건전한 이성아래 상식일 때 아름다운 것… 참(眞)된 이치(理)를 최고의 미덕으로 여기는 종교가 비이성적인 것으로 신앙을 요구하는 것이 종교가 갖은 이중성입니다.

'예수를 믿습니까.

행여 예수 아닌 예수를 믿고 있는 것은 아닌지요.

성령잉태, 부활 승천, 공중 재림 등으로 믿는 예수는 분명 예수 아닌 예수로, '예수는 그래야만 한다'는 믿음이 만들어 낸 허상입니다. 사실을 믿는 것이 아니라 믿고 싶은 것만을 믿는 우상 신앙의 습성입니다. 지금 믿고 있는 그 예수의 본적지가 '다리 밑'이 아닌 '신학의 아들'로 다시 태어나면서 예수 아닌 예수가 된 것입니다.

예수의 본래적인 얼굴은 간 데 없고 온갖 수사들로 치장 되어서 마치 배우(俳優)와 같은 예수가 되어버렸다는 말입니다. '배'(俳)라는 글자 자체가 사람(人)이 아니(非)라는 말로, 나 아닌 다른 사람을 연기한다는 의미이듯이 자신의 의지와는 상관없이 전혀 다른 얼굴로 숭배 받고 있는 것이 '신학의 아들' 예수 아닙니까.

다리 밑 예수는 생부(生父)를 밝힐 수 없는 사연을 안고 태어났으며, 성장과정 역시 배다른 형제 속에서 많은 갈등을 겪어야 했을 것입니다. 그런 와중에서도 인생과 세상에 대한 연민으로 깨달음의 세계를 개척해 가지 않았겠습니까.

배움은 '아류'(亞流)를 벗어날 수 없는 것… 예수가 그토록 창조적인 의식을 가질 수 있었던 것은 배움의 결과가 아니라 온갖 번뇌와 고통의 터널을 통과하면서 얻어진 도(道)가 아닐는지요. 마치 무쇠가 모진 고문(?) 끝에 명검(名劍)으로 태어나는 것처럼, 고난의 백화점과도 같은 질곡(桎梏)을 통하여 우주를 관통하는 대각(大覺)에 이르렀을 것입니다.

유대인이면서도 유대 전통의 연장선상에서 생각하지 않았고, 아브라함의 피를 상속 받았지만 구약과 이스라엘을 넘어서서 자신의 깨달음을 사수(死守)했으니 역사의 중심에 설 수 있었던 것 아닙니까.

사람들은 율법을 생명 시 하면서 아브라함의 후손됨을 자랑했지만, 예수는 사랑으로 율법을 완전케 해서 아브라함의 자랑이 되게 했으니 역사의 새로운 지평을 열 수 있었던 것입니다.

무슨 강이든 발원지에서 종착지에 이르기까지 그 이름이 변할 수 없는 것으로 낙동강이 그러하고 한강이 그러하듯 역사라는 것도 도도히 흐르는 대하(大河)와도 같은 것··· 그러한 역사의 중심에 서서 자신을 정점으로 과거(기원전)와 미래(기원후)로 구분 짓는 '기원'(紀元)이 될 수 있었다는 것이 위대하지 않습니까.

물론 그것이 기독교적인 역사관이라 할지라도 이미 보편화 된 세계관이라는 것이 부인할 수 없는 현실이고 보면 특정한 종교적인 세계관이라고 폄하할 수만도 없는데 그 세계관을 개척한 이가 '다리 밑 예수'라는 말입니다.

인류의 건전한 이성을 포기케 하는 신학에는 의심한번 해 본적도 없으면서 예수의 출생이 '다리 밑'이라는 말에 몸서리를 칩니까. 그것은 '신학의 아들'로 둔갑한 예수신앙에 중독되었기 때문이라는 사실을 언제쯤 알아차리렵니까.

아직도 산타 할아버지를 믿습니까.

한 때 그렇게 믿었던 것은 그것이 사실이어서가 아니라 사실이기를 바라는 동심이 만들어 낸 믿음이었던 것처럼, 예수 역시 신학적인 믿음에서 깨어나 한 인간으로서 입지전(立志傳)적인 삶을 일군 인물로 자리 매김하는 날이 와야 하지 않겠는지요.

산타가 내 부모님이라서 실망스러웠던 마음이 아직입니까. 오히려 내 부모님이 영원한 나의 산타라서 사무치도록 고마운 일 아닌지요. 예수가 나와 다른 예수가 아니라 나와 같이 '다리 밑 예수'라서 더 반갑지 않습니까.

예수님은 나의 선배며 형님이며 조상이 되기도 하는 정다운 분이라고 하면 불경(不敬)이 되는 것입니까.

예수 아닌 예수로 믿는 것이 더 불경스러운 일 이라는 생각은 해 보지 않았는지요.

알 수 없는
마음입니다.

"너희가 다 나를 버리리라"
"내가 주와 함께 죽을지언정 주를 부인하지 않겠나이다."
(마가14:21~31)
"맹세하며 가로되 내가 그 사람을 알지 못하노라."
(마24:74)

다짐했던 메아리가 사라지기도 전에 한 말입니다.

'설마 그럴 일이 있으려나…' 했거나, 그러한 경우가 올지라도 부인하지 않을 것이라는 착각일 수도 있습니다.

사람들은 '다시는, 절대로, 맹세코…' 라는 말을 쉬 하지만 그것은 일종의 버릇 같은 것… 어쩌면 가장 믿을 수 없는 이가 자기 자신 아닌지요. '다짐'이 무너진 예 가 한 두 번이었습니까.

스승은 나를 알았지만 나는 스승을 몰랐으며, 스승이 아는 나에 대하여서도 몰랐으니 자신도 모르는 맹세를 한 것입니다. 스승의 '뜻'을 따른 것이 아니라 내 사정을 앞세워 입신양명(立身揚名)을 염두에 두었으니 '망하는 예수'(?)를 따를 수 없었던 것 아닙니까.

스승이 제자들의 미래를 알았던 것은 특별한 예지력이 있어서가 아니라 그들이 살아온 삶이 그 해답이었습니다.

제 사정을 앞세워 살아온 사람이 남의 사정까지 짊어져야 하는 자리에서 돌아서는 것이야 당연지사 아닙니까. 필요에 따라 오고 가는 것이 그들의 일상이었으니 신세가 따분해진 스승을 버리고 돌아설 것이라는 예견 또한 그다지 어려운 일이 아니었습니다.

사람들은 '나'에 대하여서나 '그'에 대하여 '잘 안다'는 생각아래 결정적인 말을 쉬 하지만 보이고 들리는 것이 전부인지요. 모양보다 더 심오한 진리를 품고 있는 것이 사물인데 항차 사람이겠습니까. 평생을 같이 살아도 사는 이의 마음을 알 수 없으니 사람에 대하여 말하는 것은 심히 조심스러운 것입니다.

돌아섰던 제자들을 찾아간 그 마음은 알 수 있는 마음입니까. 잃어버린 물건을 찾으러 가듯 간 것도 아니요, 그들이 아니면 안 되겠기에 찾아 간 것도 아닙니다. 그가 가진 '조건' 때문이 아니라 그 '사람'만을 사랑하는 자만이 할 수 있는 마음으로, 한 번도 경험해 보지 못한 마음이라 알 수가 없습니다.

원수?

정말 용서가 돼서 용서 하라 한 것입니까.

정말 사랑이 돼서 사랑 하라 한 것입니까.

원수는 원수일 뿐, 원수를 용서하거나 사랑해 보지 못해서 그 마음을 알 수가 없습니다. 상처는 아물어도 남은 흔적이 또 나를 아프게 하지 않습니까. 그 흔적마저도 지울 수 있는 사랑이 있을는지요. 그것마저도 넘어서지 않고서는 할 수 없는 말이며, 알 수 없는 마음입니다.

누구나 경험하는 부모의 마음은 아는 마음입니까. '어미'라는 위치에 서기만 하면 치열한 수행 없이도 부처의 자비와 예수의 사랑을 능가하는 무조건적인 희생이 가능한 것이 설명 가능한 마음입니까. 흐르는 물은 그 발원지를 추적할 수 있지만 솟아나는 샘물의 근원을 알 수 없듯이 어미의 마음 역시 어디에서 비롯되었는지 그 원인을 알 수 없는 마음 아닙니까.

"자식을 잃고 속이 타는 냄새가 십리밖에 까지 나는 법인데…"
옛 속담입니다.

배워서 된 마음도 아니요 시켜서 된 마음도 아닌 그 마음의 뿌리를 도대체 알 수 없는데도 '왜'라는 질문 한번 없이 기적 같은 삶을 일상인 양 살아왔습니다.

배워서 알아지는 것들에 길들여지다 보니 배워도 알 수 없고 경험 하면서도 알 수 없는 마음을 마치 아는 양 염치없이 살다가 많은 실수를 했습니다.

부모를 잃은 아이만이 고아인지요. 알고 보니 매 순간 예수와 부처가 내 속에서 나를 재촉하는 기적 같은 마음이 있었음을 알지 못하고 나를 나 밖에서 찾았으니 나 역시 나를 잃은 고아였습니다.

"맹세하며 가로되 내가 그 사람을 알지 못하노라."

그렇지요.

그 사람을 알지 못했으니 나를 알 수 없었고, 나를 알지 못했으니 그 사람 또한 알지 못한 것입니다.

모르면서도 아는 척 하고 살았거나 모르고 있는 것마저도 모르고 사는지도 모릅니다. 그래서 무지(無知)도 슬픈 일이지만 '무지에 대한 무지'는 더 무서운 것입니다.

알 수 없는 마음입니다.

거울속의 나를 보고 하는 말입니다.

나를
사랑합니까.

"나를 사랑하느냐."(요21:15)

베드로를 향한 예수의 하문입니다만 스승을 버리고 돌아섰던 제자
에게 할 질문은 아닌 듯합니다. 사랑이었으면 돌아섰겠습니까. '진정으
로 자신(베드로)을 사랑했으면 나(예수)를 버리지 않았을 텐데…' 라는
아쉬움을 내포한 질문 아니겠습니까.

신앙을 하는 이라면 자신의 도주(道主)를 사랑하지 않는 이 있겠습니
까만 실은 그것 역시 진아(眞我)를 찾기 위한 것… 도주(道主)를 사랑하
려던 것이 아니었습니다.

몸에 좋다 하면 별 짓을 다 하면서도 마음에 좋다하는 것에는 별 관
심을 보이지 않는 것을 보면 마음의 사람이 아닌 것이 틀림없습니다.
예수님이 하려던 말씀은 "나(예수)를 사랑하지 말고 나(자신)를 사랑하
라"가 아니겠는지요. 마음의 사람이 되라는 말을 하려던 예수였다고

해야 예수다워지는 것 아닙니까.

마음으로 사는 이라면 '너를 위하는 것'이 '나를 위한 길'이라는 것을 알지 않습니까. 예수를 사랑하는 것이 곧 자신을 사랑하는 것이라는 깨달음 없이 자신(베드로)을 버려둔 채 예수를 따르다 나를 놓쳤다는 말입니다.

부모나 선생을 의지하는 것이나, 의사에게 내 몸을 맡기는 것은 나보다 나를 더 잘 알기 때문이듯이, 성인(聖人)을 신앙하는 것 역시 나보다 나를 잘 아신다는 믿음아래 나를 비춰볼 수 있는 거울과 같은 분이기 때문입니다. 예나 지금이나 자신을 버려둔 채 도주와 종교만을 사랑합네 하고 휩쓸려 다니다가 정작 '나'를 놓치게 되는 것이 신앙의 함정입니다.

밥을 먹고 숨을 쉬는 것은 나 살자고 하는 것이듯 신앙을 하는 것 역시 나 사람 되자고 하는 것 아닙니까. 생명이라는 것은 그 누구를 위한 것이 아니라 '나' 자신을 위한 것으로 다만 삶을 통하여 '나'라는 의식의 범주를 넓혀 가는 것이 인생입니다.

한번 심어지면 죽는 날 까지 그 자리가 자신의 영역이 되는 식물이나, 움직이는 범위가 제 영역인 동물과는 달리, 사람은 '생각의 범주'가 존재의 영역으로 무한소(無限小)와 무한대(無限大)를 무시로 넘나들어서 도대체 그 크기를 쉬 규정할 수 없습니다.

때로는 좁쌀에 웅덩이를 파듯 소심한 가 싶더니 우주에 대한 상상력을 갖기도 하지 않습니까. 제 울타리를 넘어서지 못하는 개인주의에서 사회와 국가를 위한 나로 변화될 수도 있는 것이 인간의 가능성입니다.

성인을 믿고(信) 우러러 모시는 것(仰) 또한 그러한 그릇으로 성장하고픈 동기에서 비롯되어야 하지만 얻어서 더 채우겠다는 왜곡된 신앙을 하다 보니 오히려 더 작아지는 것 아닙니까.

"죽는 날 까지 인간이 되겠습니까."

"그 날까지 되기라도 하면 고마운 일이지요."

어떤 이와의 대화였습니다.

익는 순간 죽는 것을 생명의 원리로 하는 자연처럼 사람 역시 죽는 날 까지 마음을 이루면 다행이겠지요.

인간 이외의 것들은 눈에 보이는 것 이상의 것을 요구하지 않습니다. 예컨대 사물은 생김새 그 자체가 완벽한 종(種)으로서의 손색이 없지만 인간은 보이는 형상에다 마음을 채워야 하는 것으로 이것은 생애를 두고 이루어야 할 과제였습니다.

생물학적인 구조는 태어나면서 이미 완벽하지만 철학적인 의식구조는 외부로부터의 배움(學)과 스스로의 노력(習)으로 채워가야 하는 것이었습니다.

철이 들어간다는 것은 계절(季節)을 더해 간다는 말로써, 삼라만상이 계절(철)을 더해 가면서 익어 가듯이 사람 역시 세월과 더불어 마음이 성숙해 가야 하는 것 아니겠습니까.

자기 사랑보다 더 절실하고 진실한 사랑이 없기에 "네 몸 같이 사랑하라…"(마22:39)고 했지만 과연 그렇습니까.

흡연이나 마약 또는 과음과 같은 것은 제 몸이 원해서 하는 것이지만 그것은 제 몸에 대한 배신인 것처럼 이기적인 버릇으로 타인을 아프게 하는 것 역시 내 마음에 대한 배신으로, 행여 지금 자신에 대한 왜곡된 사랑을 하고 있지는 않은지 스스로를 돌아볼 일입니다. '나'를 사랑하는 마음으로는 그럴 수 없는 것들 아닙니까.

누군가를 미워하는 순간 그 미움 속에 갇히지만 누군가를 용서하고 사랑한 만큼 나의 범주가 넓혀지는 것… 그렇게 내 마음의 범주를 이웃과 사회 그리고 인류와 세계로 넓혀가야 했기 때문에 더 큰 사랑을 요구 하는 것이었습니다.

밥상 앞에 앉으면 음식타박이 됩니까. 아마 배가 덜 고프거나 건강에 이상이 있는 것입니다.

아직도 타인의 허물이 많이 보입니까. 아마 스스로 허물을 벗지 못했거나 아직 풀어야 할 숙제가 남아 있는 것은 아닌지요.

상대를 사랑하기에 앞서 스스로를 사랑하세요. 벽을 치면 벽이 아파하는 것이 아니라 내 주먹이 아픈 것처럼, 그를 미워하면 내 마음만 다치는 것… 미움 받는 이보다 미워하는 이가 마음을 다치니까요.

신앙은 '그 분' 사랑을 배우는 것이 아니라 '나'를 사랑하는 법을 배우는 것입니다.

'지금 나를 사랑합니까?'

'내 몸 같이' 그를 사랑하기 위하여 안간힘을 쓸 것이 아니라 자신을 챙기세요. 나를 사랑하기 위하여 '그 분'이나 '그를' 사랑해야 하는 것이었습니다.

달라서
연분(緣分)
입니다.

연분(緣分)으로 말하자면 에덴의 남매보다 더한 연분이 어디 있겠습니까만 그 연분도 끝을 보지 못했으니 무엇이 천생연분(天生緣分)인지요.

자연은 주어진 법에 따라 존재할 뿐이지만 인간은 환경은 물론 스스로의 인격까지도 창조해야 했으니 사랑도 예외가 아닙니다.

배필로 창조하신 에덴의 남매가 스스로 창조해야 할 사랑을 소홀히 한데서부터 엇나가기 시작했다는 말입니다. 살아보니 에덴의 해답이 우리의 일상이지 않습니까.

생명이 움트는 순간 온갖 풍상(風箱)을 이겨내지 않고서는 결코 나무로서의 모양을 갖출 수 없듯이, 모든 사랑이 설레임으로 시작하지만 그것은 사랑의 움과도 같은 것⋯ 그 감정을 지속하는 데는 인고(忍苦)의 노력이 필요한 것이었으니 에덴도 예외가 아니었을 것입니다.

지금에 대한 해답을 에덴에서 찾기도 하지만 에덴에 대한 해답 역시 지금의 일상에서 찾아야 할 일이었습니다. 지금을 버려두고 과거를 이해하려는 것이나 과거를 외면한 채 지금을 이해하려는 것 모두 어리석기는 매 한가지… 역사는 생물 같아서 지금은 과거의 해답이면서 미래에 대한 예정된 약속이기도 하다는 사실을 이해한다면 지금의 나를 두고 일희일비(一喜一悲) 할 일도 아닙니다.

태어나면서(天生)부터 맺어진 연분(緣分)이 있을 것이라는 허망한 기대를 갖는 것은 시작부터 빗나갔던 에덴의 연분을 간과한 때문입니다.

삼원색(三原色)이 서로 달라서 그림이 되고, 갖은 양념의 맛이 달라서 음식이 됩니다. 무지개가 아름다운 것 역시 일곱 색깔이 서로 달라서 연분 아니겠습니까. 극(+)과 극(-)은 다른 정도가 아니라 반대라서 찬란한 빛을 창조하는 천생연분입니다.

그와 내가 같아서 연분이 아니라 달라서 연분인 것을… 같기를 바라는 것은 단색으로 그림을 그리려는 것과 같고, 하나의 양념으로 맛을 내려는 것과도 같은 단견입니다.

바다에는 온갖 종류의 생선이 있지만 찌개나 구이 같은 요리가 없고, 식재가 지천으로 널려 있지만 김치나 나물이 없는 것은 인간에 의한 창조의 손길을 필요로 하는 것이기 때문입니다. 인간이 누리고 있는 문명 또한 인간의 창조성에서 비롯된 것처럼 사랑 역시 스스로의 창조가 아니면 얻어질 수 없는 것이기 때문에 연분도 만들어가는 것이라는 말입니다.

1.
사랑이 별거더냐 좋아하면 사랑이지
이래저래 정이 들면 호박꽃도 꽃이랑 깨

연분이 따로 있나 짝이 맞으면 연분이지
이모저모 뜯어보면 쓸 만 한 데 있더란다.
기왕에 만났으니 잘살아 보자구요 예

2.
사랑이 별거더냐 지나봐야 알 것이야
요래 저래 눈에 들면 그럭저럭 살겠더라
지지고 볶아본들 만났으면 별 수 없지
천하일색 양귀비도 시들으니 그만이다
기왕에 만났으니 잘살아 보자구요 예

'짚세기 신고 왔네' 라는 노랫말입니다.

비록 가요지만 참 맞는 말 아닙니까. 성스럽다는 찬송가는 경험되지
않는 이상을 노래하지만 가요는 나의 일상이라서 눈물이 납니다.

지금 살고 있는 배우자를 천생연분이라고 생각하는 이가 몇이나 되
겠는지요. 같이 살면서도 다른 꿈(同床異夢)을 꾸고 있지는 않습니까.
연분이라서 사는 것이 아니라 사니까 연분이 되는 것이며, 연분은 한
생애를 살면서 만들어 가는 것이었습니다.

작품은 단시간에 완성시킬 수 있지만 연분이라는 그림은 생애를 통
하여 그려가는 것… 평생을 살면서 그려가야 할 그림인데 뭘 그리 서두
르는 것입니까. 서로 갈등하고 번민 하는 것도 연분을 만들어가는 데
필요한 것들이었습니다.

연분을 부정하는 이는 '이모저모 몹쓸 것'만 보고, 연분을 만들어 가

는 이는 '이모저모 쓸 만 한 것'만 봅니다. 연분이라서 만난 것이 아니라 만났으니 연분인 것을…

그럭저럭 살아집니까.
연분이 되어가는 중입니다.

나만 힘든 것이 아닙니다.
공맹(孔孟)도 소크라테스도 그렇게 살았습니다.
다~ 그럭저럭 삽니다.

이겨야만
사는 것
입니까.

경기는 정해진 규칙아래 하는 것이어서 지는 것 보다 이기는 것이 좋지만 싸움은 결코 이기는 것만이 좋은 것은 아닙니다.

'한 놈이 지면 안 싸운다.'
'지는 놈이 이기는 것이다.'

어린 시절 내 누이와 티격태격할 때마다 어머니께서 늘 이르신 말씀입니다.

작은 싸움은 유치한 감정대립으로 시작한 것이어서 이겨도 이긴 것이 아니요, 저도 진 것이 아니지만 큰 싸움은 머리가 되겠다는 탐욕에서 비롯된 것이기 때문에 지는 것은 곧 모든 것을 '빼앗기거나 죽는 것'이어서 쉬 물러설 수가 없는 것입니다.

큰 싸움일수록 명분이 화려해서 세계적이고 역사적이지만 오물을 화려하게 포장한다고 보석이 되는 것입니까. 따르는 대중들은 명분놀이와 제 밥그릇에 정신이 팔려 휩쓸려 다닙니다.

가진 것이 없는 사랑관계에서는 '지는 것이 이기는 것' 일수도 있지만 머리가 되겠다는 싸움에서는 태양이 둘일 수 없듯이 나누어 가질 수 없는 권력이라서 혈연지간에도 이전투구(泥田鬪狗)를 할 수밖에 없는 것이 역사의 교훈입니다.

사소한 다툼에서는 선과 악의 기준이 양심일 수 있지만 권력다툼은 이기면 선이 되고 지면 악이 되는 것으로 본성이나 상식 따위는 그다지 중요하지 않습니다.

식탐이 병을 부르듯이 더 큰 욕망이 불화를 부르고 미움 또한 더 큰 증오를 부릅니다. 자연은 간섭하는 이 없어도 성장과 멈출 때를 알듯이, 몸 역시 호흡에 욕심을 부리지 않고 들숨(吸)과 날숨(呼)을 순서 한 번 바뀌지 않고 그토록 잘 절제 하면서도 마음은 죽는 날 까지 움켜쥔 것을 놓지 못하고 있으니 스스로 만유의 법을 어기는 것이 인간입니다.

자연이 그렇듯 사람 역시 적당한 선에서 놓고 멈출 때를 알아야 하지 않겠습니까. 죽어서 멈추는 것은 호흡으로 족한 것… 가진 것은 훨씬 이전에 놓을수록 아름다운 것이었습니다.

사람들은 많이 가진 이를 부러워하기도 하지만 정작 마음으로 추앙(推仰)하는 이는 가진 것을 놓은 이였으며, 나아가 자신의 목숨까지 내놓은 이가 아름다운 이름을 남겼던 것을 모르는 이 있습니까.

'지는 것은 죽는 것이다'

'이겨야 사는 것이다'

가진 것을 놓지 못한 자들의 추한 신념입니다.

모든 창조가 그렇듯 배운 것마저도 잊어버려야 비로소 내 것이 창조되는 것처럼 가진 것을 버려야 더 큰 나가 얻어지는 것이 천지지도(天地之道) 아닙니까.

물리(物理)는 입력(入力)보다 출력(出力)이 작지만 사랑의 심리(心理)는 입력보다 출력이 더 큰 것이라는 사실을 언제나 경험 하는 바 아닙니까.

"겉옷을 달라 하면 속옷까지 벗어주고, 오리를 가자하면 십리를 가는 것"(마5:38~)은 물리(物理)가 아니라 사랑의 심리(心理)에서만 가능한 것이었습니다.

행여 겉옷을 달라 하는 이의 속옷까지 빼앗거나, 오리를 가자하는 이의 다리를 걸지는 않는지요. 사랑의 도(道)를 잃어버리는 순간 누구나 그럴 수 있는 마음 아닌지요.

살아있는 나무가 유연한 것은 수액(樹液)이 흐르기 때문이고 죽은 나무가 앙상한 것은 그 속에 생명의 수액이 말라버렸기 때문이듯 사랑 없이 사상에 갇히는 순간 모든 유연성을 잃어버리고 의식이 화석(化石)화된다는 것을 잊고 사는 것은 아닌지요.

무지한 내 어머니의 말씀이 명언이었습니다.

食 口

밥은?
몸은?
차 조심해?

부모님께 안부전화를 드리면 늘 하시던 말씀을 이제 내 아이들에게 합니다.

식구는 감정과 사정을 공유하는 것… 더우면 더워서, 추우면 추워서, 때가 되면 밥은 먹었는지, 모든 일상이 관심의 대상으로 언제나 가장 원초적인 것을 걱정합니다.

피붙이라 할지라도 사정과 감정을 공유할 수 없다면 식구라고 할 수 없는 것 아니겠습니까.

'친'(親)이라는 글자는 '나무(木) 위에 서서(立) 그리운 이를 기다리며 바라본다(見)' 는 뜻글자로 가까운 이를 일컬어 친(親)이라는 접두사를 붙이는 것 또한 그러한 의미였습니다. 딱히 교통과 통신수단이 없던 시대의 정서가 스며있는 글자였습니다.

내가 알고 있는 이의 아픔이나 허물이 내게 아픔으로 공진(共振) 하는지요. 또한 그의 기쁨이 더 큰 기쁨으로 공감이 되는지요. 그의 아픔이나 허물이 이야기로 회자 되거나 그의 행복이 더 큰 기쁨으로 와 닿지 않는다면 식구가 아닌 지인(知人)일 뿐, 친(親)이라는 접두사를 붙이면 안 될 일이었습니다.

"결국에는 식구밖에 없다."
아픔을 겪어본 이들의 한결같은 변입니다.

피붙이가 아닌 그 누구에게 식구가 되어본 적이 있습니까. 식구라고 하면서도 아픔을 공유하지 못하는 것은 '식구'라는 아름다운 언어에 대한 결례가 아니겠습니까. 사정과 감정을 공유하지 못하면서 '친(親)'이라는 접두사를 붙이는 것은 언어의 남용일 것입니다.

자신의 영역에서 아름다운 이름을 남긴 이들의 한결 같은 삶이 '내 식구처럼…' 이었습니다. 애국자라는 이름은 나라와 백성을 내 식구처럼 여겼고, 성자라는 이름 역시 인류를 내 식구처럼 여겨서 된 것 아니겠습니까.

예수 역시 "이웃을 내 몸 같이…" (마19:19) 여겼으니 '내 몸 같은 인류'를 얻지 않았는지요. 물론 이것은 모든 종교가 이상(理想) 하는 인간상이기는 하지만 어디까지나 '내 이웃'에 한(限)하는 것으로 사회구조까지 포함하는 말은 아닙니다.

종교인들은 세상을 제 종교화 하는 것만이 이상세계로 향하는 유일한 길이라 생각하지만 그것은 제 종교에 중독된 의식일 뿐, 현하 종교들의 행태에서 그 가능성이 보이는지요.

사람이 사람에게 베푼다는 것은 갑(甲)과 을(乙)의 관계를 부정할 수 없는 것으로 결코 보편적인 이상(理想)이라고 할 수는 없습니다. '위한다'는 말이나 '베푼다'는 말 자체가 우월성을 내포한 말로써 주어도 우월감을 갖지 않고 받아도 열등감을 느끼지 않는 것은 부자지간 외는 없다고 해도 좋을 것입니다.

이상적인 사회구조는 이상적인 제도에 의한 것으로, 서로의 감정을 다치지 않아도 되는 것이 제도가 갖는 보편적인 가치입니다. 힘을 가진 초인(超人)이나 가진 자가 사람에게 베푸는 것이 아니라 아름다운 제도에 의한 '사회적인 보장'이 서로의 감정을 다치지 않고도 아름다운 사회를 건설할 수 있는 가능성이 많다는 말입니다. 무지렁이나 초인이 법 앞에 평등한 이유입니다.

억겁의 세월이 지나도 정확한 괘도와 속도로 자전과 공전을 하면서 존재하는 우주와 자연이 스스로 존재하는 '자연법'에 의한 것처럼 인간 세계 역시 한사람에 의한 기발한 통치가 아니라 만인을 위한 제도에 의한 질서가 이상세계의 초석이 됐어야 했다는 말입니다.

예나 지금이나 사람이 별로 달라진 것이 없음에도 사회의 질서가 하나하나 잡혀가는 것은 종교의 힘이 아니라 투명한 제도의 정착에서 비롯된 것이었습니다.

나 같은 무지렁이는 수신(修身)과 제가(齊家)로 감정을 공유할 수 있는 '내 몸 같은 이웃…'을 만들어 가야 하지만, 치국(治國)은 힘을 가진 이가 아름다운 제도를 통하여 보편적인 가치가 실현될 수 있는 세상을 만들어 가야 하는 것 아니겠습니까.

돌아보니 식구라는 이름으로 엮여진 이는 많은데 사정과 감정을 공유할 이가 그다지 많지 않은 것을 보니 허망한 삶이었습니다. 그의 사정은 외면한 채 희생만을 강요했던 것이 나의 자화상이었던 것이 부끄럽습니다.

'식구'라는 이름을 내려놓고 다시 시작해야 할 것 같습니다.

處處生佛

"부처님처럼 자비로웠으면 좋겠습니다."
부처님 오신 날 불자(佛子)들의 바람입니다.

부처만이 자비롭습니까.
'…처럼'이라는 말에 갇히면 그 분만을 신앙 하는데 열과 성을 다 하느라 주변을 돌아보지 못합니다.
부처는 실체가 아닌 '자비로움' 그 자체였으니 부처는 가필라 국에만 계셨던 것이 아니라 그야말로 처처불상(處處佛像) 이었습니다.
자비나 사랑은 우주심(宇宙心)으로, 큰 어른들은 그 마음을 이루어 태어난 것이 아니라 태어나 이룬 것이었으니 자비심(慈悲心)은 그분들만의 영역이 아니라는 말입니다.

모든 것들의 속성이 자비심이라는 우주심(宇宙心)을 뿌리로 하지 않습니까. 부모의 사랑이 그러하고, 온갖 생명의 어미들이 그러하며, 생명을 가진 모든 것들을 품어주는 대지(大地)와 대양(大洋)이 그러하고, 새싹을 보듬어주는 따사로운 빛 또한 그러합니다.

자비심으로 말하면…
내 부모처럼
생명의 어미들처럼
대지(大地)와 대양(大洋)처럼
태양처럼…

이라고 해도 그른 말이 아니었으니 눈에 보이는 모든 것이 자비로운 생불(生佛)이었습니다.

새싹과 거목, 아이와 어른이 다른 이가 아니라 성장해서 이루어진 것이 듯 부처 역시 '우주심'이 성장해서 이루어지는 것이었으니 모든 이가 스스로를 생불(生佛)의 새싹쯤으로 여긴다 해도 큰 실례는 아닐 듯싶습니다.

반상(班常)의 제도는 인간이 만든 그릇된 제도였을 뿐 반상(班常)의 씨가 따로 이 있었던 것이 아닌 것처럼 성(聖)과 속(俗) 역시 인간들이 애써 구분지은 것일 뿐 씨가 따로 이 존재하는 것이 아니었습니다.

법당(法堂)이 대웅전에만 있는 것이 아니라 진리(法)를 설(說)하는 곳이면 야단(野壇)도 법석(法席)이 될 수 있는 것이었으니 진리(法)에 눈을 뜨면 내가 있는 그곳이 법당(法堂)이 되고 성전(聖殿)이 되는 것……

"아름다운 법문(法問)을 한편 보냅니다."

"자세한 설명을 해 주셨으면 좋겠습니다,"

"?…"

감동적인 음악 동영상을 보내면서 주고받은 문자입니다.

하는 '말' 만이 법문이라고 생각하는 이의 눈에는 음악은 음악일 뿐이었으니 아름다운 음악이 법문이라는 말에 설명이 필요 했었나 봅니다. 그에게는 자연은 그저 말 못하는 자연일 뿐이었고, 사람 역시 언제까지나 성인만을 숭배해야 하는 것이었습니다. 생명이 없는 돌부처에만 합장하는 이가 어찌 처처에 널려있는 불심을 볼 수가 있겠는지요.

모든 것들이 나의 감정을 자극하는 것이었으니 법문(法問) 아닌 것이 없지요. 온갖 꽃과 소리들 그리고 형상을 가진 모든 것들이 소리 없는 말로 경책(輕責) 하는 것을 듣고 볼 수 있어야 마음의 길을 간다고 할 수 있지 않겠습니까.

어쩌면 제 종교에 갇힌 채 제 것만이 진리라고 외치는 설교야말로 인간의 정서를 해치는 소음일 수 있다는 생각은 해 보지 않았는지요. 마음의 거문고(心琴)를 울리지 못하는 말들은 귀 밖에서 맴도는 소리에 불과한 것…

설익은 시는 내가 본 사물을 표현할 언어를 찾아 그야말로 '시'를 쓰지만, 농익은 시는 사물이 내게 하는 말을 원고지에 옮겨 놓았을 뿐 '시'를 쓴 것이 아니었으니 감동적인 시가 된 것 아니겠습니까.

"청산은 나를 보고 말없이 살라하고

"하늘은 나를 보고 티 없이 살라하네…"

'나옹선사'의 시가 아니라 나옹이 자연의 법문(法問)을 들은입니다.

知彼 와
知己

"지피지기(知彼知己)면 백전백승(百戰百勝)이라."

병(兵)이란 모름지기 이기는 것이 지상명령이기 때문에 지피(知彼)에 무게중심을 둬야 하지만 사람으로서의 도리는 지기(知己)에 더 무게중심을 둬야 하는 것이었습니다.

산다는 것은 나를 알고 나를 이기기 위한 것… 너를 이기면 상처뿐인 영광을 얻지만 나를 이기면 아름다운 영혼을 얻습니다. 지기(知己)를 학문의 근본이라고 말한 공맹(孔孟)의 가르침이 결코 과거지학(過去之學)이 아니라 인문학의 본질이면서 학문의 베이스(base)여야 함도 무리는 아닐 듯싶습니다.

경(經)이라고 일컫는 모든 가르침들 역시 지기(知己)를 통하여 자기(自己)를 이루는 것을 말하지만 정작 배움의 현장에는 지피(知彼)를 위한 학문만 있을 뿐 지기(知己)를 위한 가르침이 부실하다보니 전투적인 인간만이 양산되는 것 아니겠습니까.

병법(兵法)은 그야말로 병법일 뿐 생(生)의 법이 아니었는데 삶을 병법처럼 이기려고(百戰百勝) 만 하지는 않는지요. 도전정신 그 자체는 발전의 원동력일 수 있지만 '이기기 위한 삶'은 패자의 눈물과 피를 담보로 해야 하는 서글픈 인생입니다.

자신을 이긴 이는 세상과 역사를 얻지만, 모든 이의 패배를 담보로 얻어진 승리는 자신은 물론 얻었던 세상까지도 결국 잃어버리게 됩니다.

"내가 다른 사람들보다 한 가지 더 아는 것은 '나는 모른다'는 것을 아는 것이다."

소크라테스의 말입니다.

델포이 신전(神殿)의 신녀(神女)가 소크라테스를 일컬어 가장 지혜로운 사람이라고 했던 것도 그의 해박한 지식은 물론 무지를 헤쳐 가는 끝없는 열정이었습니다.

많은 이들이 아는 것에 매몰 된 나머지 모르는 것을 잊고 사는데 반하여 소크라테스는 자신의 무지를 사랑했고 그 무지에 대한 끊임없는 탐구를 통하여 지혜에 이른 것 아니겠습니까. 배움이 깊어질수록 무지(無知)에 눈을 뜨는 것이었으니 '내가 모른다는 것을 안다'고 한 소크라테스야 말로 지혜로운 사람이었습니다.

'그것과 그이'에 대하여 아는 것 보다 모르는 것이 더 많지 않습니까. 그런데도 나 아닌 것을 말할 때는 어찌 그리 쉽게 말하는지요. 그를 말하기 전에 자신의 영혼을 돌아볼 수 있는 지혜를 구하는 기도가 필요하다는 생각을 해 보는 것은 어떨는지요.

지기(知己)에 눈을 뜨면 내 눈에 '들보'가 먼저 보이지만 지피(知彼)에 몰두하면 상대방의 눈에 '가시'만 보일 뿐이라서 '제 딴에 바른 말'만 하게 되는 것입니다. 가시를 말하는 것을 그른 말이라고 할 수는 없지만 내 눈에 들보를 덮어두고 하는 말이기 때문에 그르다는 말입니다.

자신이 '그른 말'을 한다고 생각하면서 말하는 이가 있는지요. 누구나 옳은 말만 한다고 생각하지만 어쩌면 스스로에게 갇혀있는 바를 말하고 있는지도 모를 일입니다.

작은 것은 가까이서 봐야하고 큰 것은 멀리서 봐야 더 잘 보이듯이, 모양은 눈을 뜨고 봐야 하지만 '의미'는 마음으로 봐야 더 잘 보입니다.

안에 있는 이는 안에 갇히고 밖에 있는 이는 밖에 갇혀서 스스로를 보지 못합니다. 몸이 갇혀 있어도 열린 마음을 가진 이는 그 영혼이 자유로울 수 있지만 몸이 자유로워도 마음이 닫혀있는 이는 스스로의 옥(獄)에 걷힌 삶을 살아가지 않습니까.

행여 자신의 '그것'에 갇혀 있다는 생각은 해 본적이 없는지요. 보이고 들리는 소리에 몰두하면 마음의 '씨'가 부실해 지지만 묵언(黙言)으로 새기면 '마음의 씨'가 여물어갑니다.

새싹은 폭발하는 에너지로 움을 틔우고, 열매는 보이지 않는 손으로 모든 에너지를 융합해서 익어가는 것처럼 하는 말보다 속으로 새기는 말이 더 많아야 마음이 익어가는 것이어서 도(道)의 길을 가는 이는 '하는 말'을 절제 하는 것이었습니다.

　"내가 아는 것은 '모른다' 는 것을 아는 것이다."
　지혜에 이르는 길이었습니다.

物理와
生 理

삼라만상(森羅萬象)은 흐름에 자신을 실어 막히거나 걸림이 없습니다. 간섭하는 이 없어 자유롭지만 무질서 하지 않고, 이법(理法)적이지만 얽매이지 않으니 대 자유(大 自由)아닙니까?

먹는 것만큼이나 배설하는 것도 행복하고, 받는 것만큼이나 주는 것도 행복합니다. 물리(物理)나 생리(生理)적인 흐름은 언제 어디에서나 자연스럽고 행복한 것… 어느 한편이 불편하다 함은 이치(理致)에 어긋난 역리(逆理)이기 때문입니다.

"자기를 높이는 자는 낮아지고 자기를 낮추는 자는
높아지리라."(눅18:14)

경(經)이라며 호들갑스러워 하지만 높아지기 위하여 낮추는 것입니까. 높아지는 법을 말 하려던 것이 아니라 '사랑의 생리'를 말 하는 것이었습니다. 사랑이 아니면 높아지는 것에 집착하지만 사랑은 낮아지는 것에 어색함이 없고 높여주는 것에 불편함이 없습니다.

큰물이 되려는 의도를 가지고 아래로 흐르는 것이 아니라 물리(物理)에 의하여 바닥까지 내려가다 보니 큰물이 되는 것처럼, 사랑 역시 내려가는 것이 생리(生理)였기 때문에 인간을 비롯한 생명을 가진 모든 어미들이 끝 모를 희생을 하는 것 아닙니까.

한 날 한 시에 뿌리는 아래로 싹은 위로 향하는 것 역시 생리(生理)에 의한 현상으로 상하(上下)의 개념이 아니었으며, 크고 작음이나 높고 낮음, 그리고 강하고 약함이 서로에게 유익함을 전제로 한 이치(理致)일 뿐 우열(優劣)이나 귀천(貴賤)이 아니어서 '자연스러운' 자연(自然)입니다.

한편이 옳으면 다른 한편은 그른 것이 되고, 내가 이익을 보면 또 다른 한편은 손해를 봐야 한다는 생각이나, 높낮이를 두고 마음을 조려야 하는 것은 역리(逆理)로써 인간만이 갖는 열등(劣等)의식입니다. 스스로를 만물의 영장이라며 그릇된 우월감(優越感)으로 생태계를 교란시키는 장본인이 인간이라는 게 부끄럽지 않습니까.

모자람을 인정할 수는 없는 것입니까.
다 같이 이익을 볼 수는 없는 것입니까.
상대를 죽여야만 내가 사는 것입니까.
머리가 되지 않으면 다른 것은 의미도 없는 것입니까.

물리(物理)와 생리(生理)는 공존공영(共存共榮)이 이법(理法)의 본질로 서로를 채워서 영원을 보장받을 수 있지만, 역리(逆理)는 공멸(共滅)

하는 것… 종(種)이 사라져 가는 자연이나 실패한 역사가 나에게 하는 말이 들리지 않는지요.

나의 현재는 '과거의 해답' 이면서 '미래의 약속' 이기 때문에 모든 시간을 '역사적' 이라고 말하는 것… 과거와 무관한 현재가 없으니 반성이 필요하고, 현재와 무관한 미래가 없으니 자기 성찰이 필요한 것이었습니다. 현재를 보면서도 과거에 대한 반성이 없는 이는 미래도 없다는 것이 역사의 외침이었습니다.

안하무인(眼下無人)이라는 극단적인 폐쇄주의는 자기우상에 갇힌 심리적인 열등의식에서 비롯된 마음입니다. '완전'이라는 것은 희망사항일 뿐 '존재'가 아닌데 '완전한 존재'라는 착각으로 오류마저도 '의미'로 전가시키는 기발함이 절대무오(絶對無誤)를 주장하는 절대 권력의 속성입니다. 제왕적인 권력의식이 그렇고, 신(神)의 대리자라고 자처하는 종교권력 또한 이에 못지않습니다.

아름드리 장송(長松)도 이법(理法)에 어긋나는 순간 고사목(枯死木)으로 사라져 가는 것처럼, 인간들이 쌓다 무너져 간 수많은 바벨탑들도 '사랑의 생리'를 어긴데서 비롯된 것이었습니다.

몸이든 마음이든 어딘가가 불편합니까.

역리(逆理)이기 때문입니다.

그냥 편안하십니까.

물리와 생리를 따름입니다.

너와 주위를 살필 것이 아니라 나를 살필 일입니다.

네 손에
달렸느니라.

죽어 가는 이는 삶이 간절하지만 살아있는 이는 죽음을 잊고 삽니다. 죽음은 소리 없이 다가오는 것… 매 순간이 생사(生死)의 경계선인 것처럼 마음의 생명도 예외가 아닙니다.

성현의 말씀을 '생명의 말씀' 혹은 '생명의 양식'이라 일컫는 것도 마음의 '주검'을 전제로 한 말이었으니 스스로가 죽어있음을 자각하는 것이 곧 생명의 시작이었습니다.

"대접하라."(마7:12) "비판하지 말라."(마7:1)는 말씀 역시 '대접과 비판'이라는 윤리적인 가치에 대한 단순한 이름이 아니라 마음의 생과 사를 전제로 한 말씀이었습니다.

대접받는 것에 익숙하고 비판을 즐겨하는 이기적인 마음이 죽음에 이르는 마음이라면 대접을 즐겨 하고 칭찬에 인색하지 않은 이타적인 마음이 생명에 이르는 마음이라는 생사의 경계선을 말하는 것이었습니다.

대접받을 것을 마음에 두고 자식을 위하는 부모가 있습니까. 꾸중은 할지언정 비판하는 마음이 없고, 조건 없이 대접하는 그 마음자리가 하나님이 인간을 대접하신 마음자리 아니겠는지요. 모자람 없이 필요한 모든 것을 마련해 놓으신 하나님의 사랑처럼 한계가 없는 사랑으로 자식을 대하는 부모의 마음 또한 그러합니다.

신(神)을 규정하는 수많은 언어와 학문이 있지만 '하나님은 사랑이시라.'(요한일서4:16)는 하나의 문장으로 족하고, 장황한 철학이나 경전으로 인간을 설명 하려고 하지만 '사랑'이라는 단 하나의 언어로 규정할 수 있는 것이었으니 산다는 것은 사랑에 이르기 위함이었습니다.

'영원과 무한'이라는 언어는 도대체 경험 해 본이도 없고 경험될 수도 없는 세계임에도 마치 자신의 일상인양 서슴없이 말할 수 있는 무모함이 '사랑'이라는 감정 때문에 허락 된 기막힌 축복이라는 생각을 해 본적이라도 있습니까.

사랑은 창조의 동기와 목적으로써 장엄한 천지창조(天地創造)의 마지막 점안(點眼)과도 같은 것… 미처 점안(點眼)을 하지 않은 불상(佛像)을 본 적이 있는지요. 비록 점 하나를 찍는 의식(儀式)에 불과하지만 그것은 불상의 완성이듯이 천지(天地)간에 사랑 역시 그러합니다.

결국 종교에서 이상(理想) 하는 신국이상(神國理想)도 하나님의 손길에 의하여 건설되는 '나라'가 아니라 인간의 마음속에 심어놓은 사랑이라는 '씨'가 곧 그 나라의 씨앗이었으니 "하나님의 나라가 마음속에 있다"(눅17장)고 한 것 아니겠습니까.

하나님께서는 창세(創世)와 더불어 그 설계도를 인간의 마음속에 심는 것으로 이미 그 나라의 창조가 끝난 것이었으니 그 씨를 길러서 나무와 숲이 되게 하는 것은 인간의 책임으로 남아 있는 것입니다.

설계도 한 장 속에 건물과 미래의 도시를 담아내기도 하고, 하나의 씨앗 속에 나무와 숲의 미래가 고스란히 새겨져 있듯이, 인간의 마음속에 그 나라의 씨앗이 있었으니 하나님의 나라는 인간의 손에 의하여 좌우되는 것 아니겠습니까.

신국(神國)이 초인(超人)의 능력에 의하여 천지개벽(天地開闢)과 같은 대 사건으로 이루어 질 것으로 기대하는 것은 기우제(祈雨祭)로 비를 기대하는 것과도 같은 것… 국교(國敎) 시대의 수많은 실패를 통하여 종교의 한계와 무력함을 익히 경험해 왔지 않습니까. 종교가 할 수 있는 역할이 있다면 마음의 씨를 일깨우는데 일조하는 것으로 족한 것이었습니다.

이 순간에도 특정한 종교를 국교로 신국이상(神國理想)을 꿈꾸는 나라들이 많지만 그럴 가능성이 없어 보이지 않습니까. 종교는 인간의 이상을 실현함에 있어 한 분야를 담당했을 뿐 전부가 아니라는 말입니다.

비록 병원이 생명만을 다루지만 실은 생과 사를 결정짓는 것은 일상이듯이 종교가 마음의 생사를 다루지만 사랑과 미움, 권선징악(勸善懲惡)과 같은 일상적인 감정이 곧 마음의 생과 사를 결정짓는 것이었으니 제 종교에 올인한 만큼이나 일상의 감정을 일일이 챙겨야 할 일이었습니다.

하늘나라가 그립습니까.
하늘이 내게 말합니다.
네 손에 달렸느니라.

宗教 種子

좋은 종자도 잡초 속에 방치하면 잡종으로 변하고 잡종도 좋은 환경 속에서 가꾸면 새로운 종자로 거듭나기도 하는 것처럼, 사람 역시 환경과 습관에 따라 종자(種子)가 달라지거나 새로이 만들어지는 것이라서 맹모(孟母) 삼천지교(三遷之敎)를 되새기는 것 아니겠습니까.

무엇이든지 오랜 기간 같은 행위를 반복하다 보면 습관이 되면서 자신도 모르는 사이에 종자 화 됩니다. 중독성이 있는 담배 술 마약도 처음에는 호기심에 의한 기호(嗜好)에 불과했지만 세월과 더불어 세포에 스며들면서 종자 화 되지 않습니까. 유전인자에 의한 선천적인 종자도 있지만 환경과 습관에 의하여 후천적으로 형성되는 종자도 많다는 말입니다.

학교 역시 '인간'이라는 화두보다 '돈'이라는 것에 목적을 둔 교육으로 졸업과 동시에 연봉으로 사람이 평가되는 '돈 종자'가 되어가는 것을 보면, 학교 또한 인간을 위한 교육이라기보다 사회를 위한 도구를 양산한다는 모순을 안고 있는 것이 교육철학의 고민이기도 합니다.

그렇다고 종교 또한 안심할 수 없는 영역으로 어쩌면 사회나 학교보다 더 심각한 모순을 안고 있는지도 모릅니다. 예수를 믿어서 올바른

'사람종자'가 되는 것이 아니라 '예수종자' 내지 '기독교종자'와 같은 '종교종자'로 길러지지 않습니까.

담배나 술과 같은 습관적인 종자는 세포에 스며든 독성을 치료할 수도 있지만 의식 속에 스며든 그릇된 종교종자는 죽음으로도 버려지지 않는 것으로 한 인생을 송두리째 앗아가기도 합니다.

종교는 진리를 찾아가는 도구로써 진리의 그릇이어야 했는데 종교인들은 '진리'를 믿는 것이 아니라 자신들이 '믿는 것만이 진리' 라는 등식으로 신앙을 하고 있으니 믿으면 믿을수록 '종교종자'로 전락하는 것입니다.

기독교 종자, 불교 종자 이슬람 종자… 등등 종교라는 이름을 가진 곳마다 온통 종교종자만 있을 뿐 사람종자를 찾기가 어려운 것이 종교의 현실이고 보면 과연 종교가 필요한 것이기나 한 것인지 의구심을 갖게 하지 않습니까.

진리는 특별한 사람들만이 아는 특별한 것이 아니라 모두가 공감하는 '상식'이 진리가 될 때 진리 또한 상식이 되는 것… 상식을 버리고 몰상식(沒常識)을 상식화해서 진리로 믿게 하는 것이 신학(神學)이나 교리(敎理)라는 괴물입니다.

기독교인들의 핵심가치라고 할 수 있는 것들이 몰상식의 극치로써, 성령잉태, 부활승천, 공중재림, 사자부활, 영생과 같은 것들이 곧 그것입니다. 이것은 진리가 아니라 '진리로 믿고 싶은 것' 으로써 의식의 바탕이 되는 상식을 몰아내고 그 자리를 몰상식으로 채운 '예수종자' 의 전형입니다. 그렇다고 내가 믿고 있는 것들에 대한 맹목(盲目)이나 맹신(盲信)은 없다고 생각하는지요.

그림속의 꽃은 채색을 해야만 꽃이 되지만 생화는 더 이상의 채색이 필요 없듯이 마음의 바탕이 되는 본연지심(本然之心)은 더 이상의 배움을 필요로 하지 않는 숭고함 그 자체였으니 종교는 그 마음을 일깨워 주기만 하면 될 일이었습니다.

약간의 물만 주면 피어날 꽃에 채색을 하지 않으면 꽃이 될 수 없다고 억지를 쓰는 것처럼, 온갖 요설(饒舌)로 인간의 현재는 물론 과거와 미래의 운명까지 바꾸어 놓을 수 있는 능력이라도 가진 양 허세를 부리는 것이 '종교종자' 들이 갖는 속성 아니겠습니까.

'만인을 위한 신의 뜻'을 '한 사람을 위한 신의 뜻'으로 둔갑시켜서 만인의 희생을 요구했으니, 신의 이름으로 자행하는 온갖 테러나 전쟁이 그러하고, 끝이 보이지 않는 희생의 강요가 그러합니다.

하나님의 창조가 위대하다 함은 인간의 위상을 피조물로서의 인간이 아니라 '인간의 하나님 화'에 있었고 예수 역시 '인간의 예수 화'로써 종교종자가 아닌 올바른 '사람종자'에 목적을 둔 것이었으니 종교를 넘어 사람에 관심을 가져야 할 일이었습니다.

문전옥답(門前沃畓)도 가꾸지 않으면 이내 잡초 밭이 되는 것… 종교 역시 인간을 화두로 했던 초발심(初發心)에 대한 긴장감을 놓치는 순간 거대한 평야(平野)로 확대 된 종교가 잡초로 가득한 잡초 밭이 될 수 있다는 절박함으로 내가 믿고 있는 종교의 현실을 돌아봐야 할 일입니다.

지금의 내가 사람종자가 아닌 종교종자의 길을 가고 있는 것은 아닌지요.

사람 종자 입니까?
종교 종자 입니까?

왜곡된 순종

국경을 넘어 나라를 훔치면 영웅이 되고 담을 넘어 물건을 훔치면 도둑이 됩니다. 전쟁으로 사람을 죽이면 애국자가 되고 이웃을 죽이면 살인이 됩니다. 무엇이 선이고 무엇이 악인지요.

평화를 앞세우지 않는 전쟁이 없고 정의를 앞세우지 않은 싸움도 없지만 전쟁이 평화를 위한 명분이 될 수 없듯이 싸움 역시 어떠한 명분으로도 합리화 될 수 없습니다. 싸움의 대소를 막론하고 명분 없는 싸움이 없지만 그 속내를 들여다보면 탐욕을 버리지 못한 속물근성이 그 뿌리였습니다.

싸움에서 이긴 자는 사회적인 윤리를 지키는 것이 아니라 스스로 세워놓은 지배 논리가 곧 그들의 윤리로써 끊임없이 자기만의 정의와 윤리를 만들어 가는 윤리의 창조자(?)였다면 약자는 강자가 만들어 놓은 지배윤리에 복종하고 순종하는 것이었으니 약자의 윤리를 '원한의 윤리'로 규정 했던 니체의 윤리론도 일견(一見)이 될 법하지 않습니까.

노예로서의 이스라엘의 삶이 그러했고 로마 폭정아래서 크리스천의 삶이 그러했습니다. 지배를 위한 폭력적인 윤리 앞에 피 지배자로서의 겸손과 순종은 생존을 위한 불가피한 선택적인 윤리였습니다. 그러다가 폭력으로부터 해방된 이스라엘과 기독교가 자유를 얻는가 싶더니 그 자유를 등에 업고 이내 또 다른 지배 권력이 되면서 스스로 만든 종교적인 권력 앞에 순종하는 것만이 선이라는 신앙의 논리를 세워놓은 것이 종교를 비롯한 모든 지배 권력의 속성이었습니다.

'순종'이라는 말이 지배자에게는 체제나 조직으로 약자를 다스리기 위한 '천한 언어'로 오용되기도 하지만 순종의 본래적인 의미는 한 인간이 성장하고 완성해가는 과정에 필요한 '숭고한 언어'였습니다.

부모와 선생에게 순종하라는 것이 부모와 선생을 위한 것이 아니라 나의 성장을 위한 축복 이듯이, 에덴의 순종 역시 인간을 주관하기 위한 '지배 어(語)'가 아니라 천자(天子)로 기르기 위한 극진하신 '사랑 어(語)'였지 않습니까. 신앙 역시 나 자신을 위한 순종으로 스스로 선택할 지언정 강자의 통치를 위한 지배윤리가 아니었다는 말입니다.

외피(外皮)는 씨앗을 보호하기 위한 한시적인 보호막이듯, 체제나 조직 역시 나를 지배하기 위한 것이 아니라 미숙한 인격을 보호하기 위한 한시적인 울타리로서의 역할에 충실했어야 했는데 그 역할에서 벗어나 대중을 지배하려는 데서부터 종교의 정체성은 근본적으로 흔들리기 시작하는 것입니다.

진리와 본성으로부터 자유로울 수 있는 이가 있습니까. 모든 사물이 법칙으로부터 자유로울 수 없듯이 사람으로 태어난 이상 진리와 본성의 흐름을 거슬리며 살아도 되는 이는 없습니다. 즉 치외법권(治外法權)이라는 것은 존재하지 않는다는 말입니다.

법 앞에 평등해야 하는 것이 세상사이듯이 진리와 본성 앞에 스스로 순종해야 하는 것은 예외가 있을 수 없는 것… 가끔은 예외라고 착각하는 이가 있으니 지배 권력의 타락이 곧 그것입니다. 순종은 '체제와 조직'을 전제로 한 말이 아니라 '진리와 본성'을 전제로 한 숭고한 말로써 하나님도 예외가 아니었기 때문에 에덴의 사람을 간섭할 수 없었던 것 아닙니까.

"누구를 따라가야 합니까."
"어디로 가야 합니까."
"누구 말이 맞는 것입니까."

수 십 년간 신앙을 해 온 분의 독백입니다.

따라가지 않으면 갈 수 없는 길입니까.
여기가 아닌 다른 세계가 존재하는 것입니까.
내가 모르는 또 다른 길이 존재하는 것입니까.
그가 아는 진리와 내가 아는 진리가 다른 것입니까.
무엇이 나를 그렇게 혼돈되게 하는지요.

옳고 그름을 가리려고 애쓸 일이 아닙니다.
더 배울 것이 없는 진리를 배웠으면서도 옳고 그름에 대한 혼돈 이되는지요. 서로 간의 시비(是非) 그 자체가 옳은 것이 아니거늘 그 시비의 와중에 소중한 내 마음을 빼앗기는 것입니까.
달고 쓴맛을 느끼는 것이나 차고 뜨거운 느낌이 다르지 않은 것처럼 마음의 길은 다르지 않습니다.

공맹(孔孟)과 예수 석가가 다름을 말하지 않은 것처럼 마음의 느낌은 성자(聖者)와 필부(匹夫)가 다르지 않으니 그 누구를 따라가는 것도 아니요 그 누군가가 나를 데려가는 것도 아닙니다.

마음의 길은 누구의 말을 듣고 가는 것도 아니요, 지시를 받고 가는 길도 아닌 스스로의 흐름을 따라 가는 길입니다. 마음으로 사는 이는 내가 '지금 여기서' 옳게 살고 있느냐 만이 중요한 일입니다.

이익을 쫓아 시류(時流)를 쫓는 이는 귀 밖의 소리에 민감하지만 마음의 길을 가는 이는 내 안에서 울려오는 소리에 반응하며 살아갑니다.

흔히 부동(不動)의 태양에 비하여 지동(地動)을 말하지만 영원을 두고 동일한 속도와 각도로 자전과 공전을 하는 것을 보면 지구 역시 부동(不動)의 태양과 불변(不變)의 속성이 같은 것처럼, '하나'의 원리로 운행하시는 하나님과 같이 진리와 본성이 느끼고 추구하는 마음의 흐름도 하나였으니 그 마음에 순종하고 가는 이는 외풍에 시달릴 일이 없지 않겠는지요.

그 '날'의
주인

"설인데 떡국은 드셨습니까?"
"매일 매일이 설입니다."

마음을 이루신 분과의 대화였습니다.

비록 짧은 문답이지만 많은 생각을 하게하는 말씀이었습니다.

사람들은 흔히 무슨 '날'을 정해 놓고 그 날을 기념하지만 오히려 그 날의 포로가 되지는 않았는지 생각해 볼 일입니다. 그 날의 주인이 되기 위하여 그 날을 기념하는 것 아니었습니까.

어린이는 어린이날이 설레지만 어른에게는 그 날이 그 날인 것은 그 '날'을 넘어섰다 함과 같이, 안식일 역시 안식일 '의' 주인이 되면 안식일 아닌 날이 없지만 안식일 '이' 주인이 되면 안식일의 포로가 됩니다.

안식일의 포로들은 안식일의 주인을 알아보지 못할뿐더러 적대 시하기 까지 하는 것을 예루살렘에서 보지 않았습니까. 안식일 아닌 날이 없는 예수님이 안식일을 범한 것이 아니라 주일 이외의 날은 제 버릇대로 살았던 안식일의 포로들이 '평일을 범한'(?) 것이었습니다.

주일(主日)이라는 말은 '주(하나님. 예수)의 날'로써 매일을 주일과 같은 마음으로 살기 위하여 그날을 섬겼는데 오히려 안식일의 포로가 되어버린 것은 아닌지요.

주일(主日)을 성일(聖日)이라면 평일은 속일(俗日)입니까. 안식일의 포로들은 성(聖)과 속(俗)을 구분 짓지만 안식일의 주인은 매일 매순간을 거룩한 삶으로 채웠으니 성일(聖日) 아닌 날이 없습니다.

자식을 마음에서 놓아 본 적이 없는 부모의 마음처럼 인간을 놓아 본 적이 없을 하나님인데 하나님에게 주일과 평일이 다르겠습니까.

인간의 안식이 하나님을 생각하는 삶이라면 하나님의 안식은 사람을 마음에서 놓지 않는 것이었습니다. 예수님이 스스로를 안식일의 주인이라고 했던 것도 인간을 생각하는 하나님의 마음처럼 사람을 생각하는 그 마음에서 비롯된 것이었으니 "이웃을 제 몸 대하듯"(마 22:37~40) 하는 삶이 곧 안식의 삶이라는 말입니다.

안식일을 생명 시 하는 교인들만이 안식일의 포로라고 생각하면 큰 착각입니다. 오히려 안식일을 생명 시 하라고 외치는 성직자들이 안식일의 포로들일 가능성이 많다는 말입니다. 기복(祈福)이나 천국을 담보로 주일성수(主日聖守)를 외치는 것은 성(聖)을 업(業)으로 하는 이들의 가르침으로, 굿이나 부적(符籍)으로 혹세무민 하는 무당의 그것과 다른 것이 있습니까.

목욕탕에 가는 것은 목욕탕을 청소하려는 것이 아니라 내 몸을 깨끗이 하자는 것이듯 예배당이나 법당과 같은 성전(聖殿)을 드나드는 것은 나를 성전 화 하려는 것인데 나를 버려두고 나 이외의 것을 구하고 있으니 무속신앙을 하고 있는 것이지요. 종교를 업(業)으로 하는 지도자들은 그러한 신앙 자들을 양산해서 사업을 키우듯 제 종교를 살찌우는 데 더 관심이 많은 것은 아닌지요.

'부모'라는 자리는 직(職)이나 업(業)이 아닌 삶이며 감정 그 자체인 것처럼 '성(聖)'이라는 것 역시 직(職)이 아니라 생활 감정일 때 성자(聖者)가 되는 것… 직(職)에서 더 발전하지 못하면 외식(外式)하는 사람으로 안식일도 직업적으로 섬기게 된다는 말입니다.

예수만이 안식일의 주인(막2:27~)이어야 했습니까. 도(道)를 이루신 대덕(大德)에게는 처처불상(處處佛像)이요 사사불공(事事佛供)이듯이, 안식일의 주인은 하나님의 무소부재(無所不在) 함을 몸으로 느끼는 이라서 자신이 머무는 그 자리가 성지(聖地)요 성전(聖殿)이었으니 안식일을 지키는 모든 이들의 이상(理想)이어야 했습니다.

예수님에게 돌을 던진 이들은 그 '날'만을 기념하는 그 날의 포로들이었지만 예수님을 비롯한 마음을 이루신 분들은 자신이 숨 쉬고 있는 그날 그 순간 모두가 하나님과 더불어 살아가는 안식일이었으니 스스로를 기념하며 살아가는 그날의 주인이었습니다.

오늘도 안식일을 지키려 가는지요.

하나님에게는 어제도 내일도 안식일입니다.

내가 살아 숨 쉬는 그 순간 모두가 하나님과 더불어 안식해야 했습니다.

그 날이 내게 말합니다.

"네가 그 '날'의 주인이니라."

그날이 주인을 기다립니다.

多 와 幸

행(幸)이 많아서(多) 다행(多幸)인지 모든 것(多)이 행(幸)이라서 다행(多幸)인지는 알 수 없지만 오늘이 있어 다행이고 그대가 있어 다행입니다.

돌아보면 온통 다행(多幸)입니다.

"내 인생은 왜 이런지 모르겠습니다."

"살아온 모든 기억을 다 지워버리고 싶습니다."

"이십대로 돌아간다면… "

"모든 것을 다시 살아보고 싶습니다."

"그렇게 생각하지 않는 이가 있겠습니까."

"돌아간다고 별 달라질 것이 있겠는지요."

"속 썩이는 그것 이외의 것은 아무런 의미도 없는 것입니까?"

속을 끓이며 사는 이와의 대화입니다.

오던 길은 되돌아 갈 수 있지만 인생은 일방통행이라서 되돌아 갈 수가 없습니다. 인생은 리허설이나 재방송이 없는 드라마이기에 순간순간을 생명 시 해야지 과거에 붙잡혀 사는 것처럼 부질없는 일도 없습니다.

힘이 들 때면 '죽어버리고 싶다' 는 말을 쉬 하지만 그 말 역시 내가 사는 오늘을 기다리다 죽은 이에 대한 실례가 아닐는지요. 비록 삶이 힘들지만 나를 기다리는 내일이 있어 행복하다고 해야 죽은 자에 대한 최소한의 예의라는 생각을 해 봅니다.

가족 중에 그 누군가가 나를 아프게 합니까. 나를 미소 짓게 하는 또 다른 이는 아무도 없는 것입니까. 매사에 울어야 할 일만 있는 것이 아니라 가끔은 나를 행복하게 하는 일도 있는 것 아닙니까.

자연은 '때문에…' 가 아니라 '덕분에…' 라는 등식으로 존재하기 때문에 존재 그 자체가 아름답습니다. 조건이 좋아서 기둥으로 자란 장송(長松)도 있지만 못 죽어 사는 열악한 환경 때문에 아름다운 분재(盆栽)로 태어나기도 합니다. 화로가 있어 쇠가 강해지고 가뭄이 있어 뿌리가 깊어집니다.

'저 인간 때문에…' 가 아니라 '그이 덕분에…' 도인(道人)이 될 수도 있는 것 아닙니까. 원수가 있어 의인(義人)이 된 이가 어디 예수뿐이겠는지요. 고행(苦行)을 하는 것 역시 행(幸)을 위하여 고(苦)를 선택한 것이었습니다.

한 가지 걱정 때문에 그 이외의 것들을 잊고 사는 것은 그나마 나를 행복하게 하는 것들에 대한 배신일 수 있다는 생각은 해 보지 않으셨는지요. 한 가지 불행(不幸) 때문에 수도 없이 많은(多) 행(幸)을 모른 척 해서야 되겠는지요.

나를 불행하게 하는 것은 한가지이지만 나를 행복하게 하는 것은 수도 없이 많아서 '다행(多幸)'이라는 말이 있는 것이었습니다.

불행(不幸)이라는 낱말이 내 감정 전체를 지배하는 것이 아니라 불(不)과 행(幸)을 따로 이 생각하면 어떨는지요. 불(不)이라는 글자에 비중을 두다 보면 만사가 부정적이지만 행(幸)이라는 글자에 더 큰 비중을 두면 이내 긍정으로 변하는 것이 인생입니다. 사실 감정이 감정을 키우는 것이지 사건이나 상황이 감정을 키우는 것이 아니라는 말입니다.

태울 장작이 없으면 불을 지필 수 없지만 실은 불을 키우는 것은 장작이 아니라 불이 불을 키우듯이 화라는 것도 정작 그 화를 키우는 것은 나를 화나게 한 그것이 아니라 스스로 지핀 화가 화를 키우지 않습니까. 내 스스로의 감정을 다스리지 못하는 내 성이 더 큰 불을 지른다는 말입니다.

불이 스스로는 멈출 수 없어서 타든지 꺼 줘야 멈추듯이 화 역시 냉정한 이성(理性)으로 멈추지 못하고 끝까지 가면 그야말로 화(禍)를 부르지 않습니까. 화(火)를 나게 한 것은 나 아닌 '그것'이지만 결국 화(禍)를 부른 것은 멈추어야 할 시점에서 멈추지 못한 '나' 자신이었습니다.

지금 무엇이 나를 아프게 하는지요.

생각해 보면 그 외 대다수의 것들은 지극히 정상적이지 않습니까. 나를 아프게 하는 하나 때문에 모든(多) 행(幸)을 잊고 사는 것을 무지(無智)며 과욕(過慾)이라 일컫는 것입니다.

    다(多)~ 행(幸)입니다.

마음의 囚衣를
벗어야 해

흔히 감옥 안에 있는 사람들만을 죄인이라고 생각하지만 실은 감옥 안의 죄인보다 감옥 밖의 죄인이 더 많지 않겠습니까. 감옥 안의 죄인은 운이 나빠서(?) 잡힌 죄인이라면 감옥 밖의 죄인은 재수가 좋아서(?) 잡히지 않았을 뿐입니다. 비록 멀쑥이 차려입고 자유로이 다니지만 마음까지 자유로운 이가 몇이나 되겠는지요.

몸에 묻은 때는 씻으려고 애쓰면서 마음에는 오물을 품고 다니면서도 버리려 하지 않는 것은 마음으로 사는 사람이 아니라는 말입니다.

들었던 돌을 모두 내려놓은 것을 보면 마음의 수의(囚衣)를 입지 않은 이가 없다는 말 아닙니까. 어쩌면 입었던 옷만큼이나 마음의 수의도 다양하지 않겠는지요.

"스스로 죄 없다고 생각하는 사람이 돌을 들어 쳐라"(요8:7)는 이 말씀은 그날 그 자리에서만이 아니라 모든 이에게 던지는 화두였습니다.

마음의 수의(囚衣)를 벗지 않는 한 그 수의(囚衣)가 영원한 세계의 옷이 될 수밖에 없지 않겠습니까. 화려하던 비단옷을 다 버려두고 베옷 한 벌 입고 가는 그 옷 역시 수의(壽衣)라고 칭하는 것을 어찌 우연이라 하겠는지요.

세상을 속인 사기꾼도 자신을 속일 수 없고, 눈앞에 있는 이를 속이는 마술사도 자기 자신까지 속일 수 없는 것처럼 자신의 행위를 자신마저도 속일 수 있는 이가 없으니 자신을 심판하고 가둘 이도 자기 자신일 수밖에 없습니다.

죄수가 옥(獄)에 갇힌 것이 자의가 아닌 타의였다면 하늘의 옥은 스스로 선택한 옥이었고 마음의 수의(囚衣) 역시 스스로 지어 입은 것이라서 스스로 벗지 않는 한 그 누구도 벗겨줄 수 없는 것이었습니다.

치료는 정확한 진단으로부터 시작되는 것… 자신이 입고 있는 마음의 수의 역시 스스로 자각 하지 않고서는 벗을 수 없는 것이라서 진리의 거울이 필요한 것 아닙니까. 거울이 아니고서는 제 얼굴을 볼 수 없는 것처럼 진리 앞에 서는 날 비로소 마음의 수의를 자각하는 것이었습니다. 몸은 밥을 먹고 살지만 마음은 진리와 사랑을 호흡하고 사는 것이라서 진리와 사랑으로 사는 자 만이 마음의 수의를 벗을 수 있다는 말입니다.

"입의 막대기로 세상을 치며 입술의 기운으로 악인 을
죽인다."(살후2:8)
"내가(예수)한 그 말이 너희를 심판 한다"(요12:48)
"내 말을 듣고 하나님을 믿는 자는 심판에 이르지 않고
사망에서 생명으로 옮긴다."(요5:24)

이 말씀들은 모두 진리를 의미하는 바 모든 종교가 진리를 앞세우는 이유였으며, "혀가 곧 불"(약3:6) 이라는 말씀 역시 "진리=불"이라는 등식으로 종교인들이 믿는 "불 심판"(벧후3:12) 이 '진리에 의한 심판'을 의미하는 것이었습니다.

비유라는 것은 비슷한 속성 때문으로 어둠을 정복 하지 못할 빛이 없고 태우지 못할 것이 없는 불이었으니 불은 '완전한 정복'을 의미하는 것처럼, 그릇된 나를 완전히 이길 수 있는 것은 진리밖에 없습니다.

못 가진 이는 가진 이를 부러워하고 낮은 이는 높은 이를 부러워 하지만 그것은 끝이 없는 부러움으로 더 크고 높은 것에 목말라 하지만, 거짓된 이가 참을 부러워하고 악한(惡漢)이 선을 부러워하는 그 마음자리에 진리를 채우는 순간 과거의 나로부터 탈출하는 것이었으니 말씀이 육신이 된 이들은 모든 것을 초월할 수 있었던 것입니다.

종교인들이 나 아닌 세상의 심판을 말하는 것은 진리로 자신을 태우지 못한데서 비롯되는 망상이며 무지의 결과였습니다.

진리인 에게 무슨 경계가 있겠는지요. 불을 켰는데도 어둠이 남아 있다는 말이나, 태웠는데도 잔재가 남아있다는 말은 불이 시원찮음을 의미하는 것처럼 내 마음에 아직도 경계가 있다함은 진리의 문턱을 넘지 못했다는 자기시인입니다.

마음의 수의를 벗은 이는 부러움과 두려움, 나아가 미움과 불신으로부터 해방되었으니 '대 자유'라는 것이 곧 그것 아니겠습니까.

마음의 수의를 벗은 이를 부러워합니다.

그날을 기다립니다.

나를
신앙하라

너희는 마음에 근심하지 말라
하나님을 믿으니 또 나를 믿으라. (요 14:1)

근심이 없는 사람도 있습니까.

예수를 믿으면 근심이 없어집니까.

근심을 없애기 위하여 그 무엇을 믿습니까.

믿는 이들은 다 근심이 없습니까.

지금 하고 있는 그 근심이 없어지면 영원히 근심과는 상관없는 사람
이 되는 것입니까.

없는 이는 없어서 근심이지만 가진 이는 가진 것 때문에 근심입니다.

바람은 언제나 있는 것… 나무를 꺾으려는 바람이 아니라 생명의 호
흡이 되려 함이었고, 내리쬐는 햇빛 역시 대지를 품고 생명을 기르기
위함이듯이 나를 이루신 이들에게는 근심이라는 것도 나를 나 되게 하

기 위한 에너지였습니다.

내가 지금 근심하고 있는 그것이 문제가 아니라 그것을 넘어서지 못하는 내 마음 자체가 근심덩어리 아닙니까. 병충해가 걱정이 아니라 그것을 넘어서지 못하는 나무가 문제였고, 세균이 문제가 아니라 그것을 넘어서지 못하는 내 건강이 문제였다는 말입니다.

수영을 못하는 이는 물에 빠지거나 떠내려가지만 수영을 잘하는 이는 물을 즐기지 않습니까. 이 물과 저 물이 다른 물이 아니듯이 화복(禍福)의 뿌리가 다른 것이 아니었습니다.

빛이 그림자를 동반하고 낮이 밤을 동반하듯이 삶(生)은 죽음(死)을 동반하고 기쁨(樂)은 고통(苦)을 동반합니다. 생사고락(生死苦樂)이 인간세계를 떠나 본 적이 있는지요. 생로병사(生老病死)는 춘하추동(春夏秋冬)의 흐름과도 같은 것… 옳고 그름이나 좋고 나쁨의 문제가 아니라 흐름에 순응해야하는 것으로 선택의 문제가 아니었습니다.

밤도 지나갈 밤이었고 계절도 지나가는 계절이듯이 지금의 근심 역시 지나갈 것이었으니 거기에 붙잡힐 일이 아닙니다. 소망을 잃은 자는 과거에 붙잡히지만 희망을 가진 이는 나를 기다리고 있을 미래가 그리워 근심에 붙잡혀 있을 겨를이 없습니다.

"네가 어미보다 먼저 죽은 것을 불효라고 생각하면 이 어미는 웃음거리가 될 것이다. 너의 죽음은 너 한 사람 것이 아니라, 조선인 전체의 공분을 짊어진 것이다. 네가 항소를 한다면 그건 일제에 목숨을 구걸하는 것이다. 네가 나라를 위해 이에 이른즉 딴 맘먹지 말고 죽으라. 옳은 일을 하고 받은 형이니 비겁하게 삶을 구하지 말고 대의에 죽는 것이 어미에 대한 효도다. 아마도 이 어미가 쓰는 마지막 편지가 될 것이다. 너의 수의를 지어 보내니 이 옷을 입고 잘 가거라. 어미는 현세에 너와 재회를 기대치 않으니 다음 세상에는 반드시 선량한 천부의 아들이 되어 이 세상에 나오너라."

가슴이 떨리게 하는 이 글은 안중근 의사(義士)의 어머니 <조 마리아> 님 의 편지입니다. 아들의 죽음을 앞둔 어미에게 근심의 흔적도 찾아 볼 수 없습니다.

예수를 믿는다는 것은 예수라는 역사적인 인물을 믿는 것이 아니라 억울한 죽음 앞에서도 비굴하지 않았던 예수의 의로운 신념을 선택한 나 자신을 신앙하는 것이며, 모든 이가 높은 곳만 바라볼 때 낮은 곳을 살펴신 그 사랑의 삶을 따르겠다고 선택한 내 신념을 신앙하는 것입니다.

조 마리아님 역시 예수를 믿어서 예수를 선택한 자신의 신념이 신앙화 되었기 때문에 아들의 죽음 앞에서도 그렇게 의연할 수 있었던 것 아닙니까.

믿으면서도 근심의 늪에서 벗어나지 못하는 비겁한 신앙을 하는 것은 예수의 삶과 인격을 믿음으로 선택한 자신을 믿지 못하고 예수라는 역사적인 인물을 신앙하는 우상 신앙에서 벗어나지 못하기 때문입니다.

근심으로 말하면 인류를 자식으로 둔 하늘보다 더한 이가 없겠지만 창조에 대한 소망으로 근심을 잠재우는 하늘이었고, 예수 역시 자신을 향한 하늘의 소망을 붙들고 외로운 근심의 고개를 넘었을 것입니다.

얼어붙은 땅 속에서도 여린 생명이 버티는 것은 반드시 찾아올 봄을 기다리는 소망 때문이듯이, 내가 하고 있는 지금의 근심 역시 나를 나되게 하기 위한 하늘의 사랑이라는 믿음으로 넘어야 할 고개였습니다.

예수를 믿습니까.
"예수 안에 있는 나, 내 속에 있는 예수"(요14:20)를 믿는 것이었으니 결국 나를 믿는 것이었습니다.

기다림

"눈앞에 안 보이면 짜~안 하고
눈에 보이면 천불이 나고…"

속 썩이는 자녀를 둔 어느 어미의 푸념입니다. 자식을 둔 부모라면 한 번쯤 경험해 본 마음 아닙니까. 짜~안 한 것이 사랑이라면 천불 역시 사랑입니다. 사랑이 아니면 무관심하겠지요.

천불나는 짓을 했을지라도 그 자식에게는 천불이 아니라 '짜~안 한 마음'이 스며들도록 해야 합니다. 짜~안 함을 앞세우면 눈물이 앞서지만 천불을 앞세우면 막말을 앞세우지 않습니까. 경우(境遇)를 앞세우면 더 멀어지는 것이 사랑이라서 막말은 그가 돌아올 길을 가로막는 것과 같은 것… 그의 마음에 '미안함과 고마움'이 자라서 스스로 돌아오게 해야 합니다. 그 기간이 짧기를 바랄 뿐 세월이 걸려도 한 바퀴 돌아와야 된다는 말입니다.

물건 같으면 버릴 수도 있고 사랑이 아니면 포기 할 수도 있겠지만 자식이기에 기다리는 것 외에 다른 방법이 없는 것 아닙니까.

부모는 엇나가는 자식의 지금 만이 아니라 어두운 미래가 보여서 짜~안 하지만, 정작 엇나가는 놈은 지금의 기분에 도취 된 나머지 자신이 그르다는 사실 마저도 모르는데 그런 자식에게 천불을 앞세워 몰아붙이기만 하면 되겠습니까.

아이들의 키만큼 마음까지 큰 것으로 착각하는 것은 아닌지요. 옷은 맞는 옷으로 골라 입힐 줄 알면서 마음은 아이의 의식수준에 맞추지 않고 '어른 말'로 다그치지는 않습니까.

부모가 자식에게 하는 말은 수 십 년 더 살아보고 하는 말인데 어찌 아이들이 그 말을 알아듣겠는지요. 수 십 년을 기다려야 할 일이었습니다. 기다림이 아니었다면 이미 에덴에서 결단이 났어야했습니다.

모진 비바람에 열매가 여물고 된서리에 맛이 들어가는 것처럼 사랑은 기다림으로 여물어 가는 것이라서 "오래 참고…"(고전3장)라고 한 것 아닌지요. 하나님도 그렇지만 천하의 영웅들도 자식농사는 제 마음대로 되지 않았던 것이 만고불변의 진리였으니 기다리는 수밖에… 짜~안 한 마음을 놓치지 않고 기다리는 것이 부모로서 할 수 있는 최선이었습니다.

신앙인들 역시 그 마음을 놓치면 안 되는 바 측은지심(惻隱之心)이 바로 그것입니다. 핍박받는 자신의 신세보다 이스라엘의 미래가 더 염려스러워서 "예루살렘의 딸들아 나를 위해 울지 말고 너희와 너희 자식(후손)을 위해 울라"(눅23~)고 하신 것 아닙니까. 종교인들이 놓치지 말아야 할 마음이었습니다.

제 주장만을 앞세우면 시비(是非)에 눈이 밝아 부질없는 이론으로 맞서지만 측은지심을 앞세우면 그들의 미래를 걱정하는 하늘의 마음을 얻게 됩니다. 이해타산에 눈이 멀면 '여기와 지금'밖에 안 보이지만 사랑하면 '미래와 전체'가 보이지 않습니까.

산다는 것은 시비(是非)를 가리기 위함이 아니라 사랑하는 마음을 얻으려는 것이었으니 보이고 들리는 대로 말할 것이 아니라 말과 감정을 아껴야 할 일이었습니다. 감정이 내 것이라고 내 마음대로 낭비를 하면 마음이 여물지 않습니다, 돈과 시간을 낭비하는 것도 금해야 될 일이지만 감정 역시 아끼고 또 아껴야 할 것이었습니다.

패배주의와
죽음

"하나님이 세상을 이처럼 사랑하사
독생자를 주셨으니 이는 저를 믿는 자마다 멸망치 않고
영생을 얻게 하려 하심이라"(요3:16)

죽음이 두렵습니까.

영원히 살고 싶은 것입니까.

죽음을 비껴간 이가 없는데 안 죽는다는 망상에 사로잡혀 있는지요.
비껴갈 수 없는 죽음이라는 것을 뻔히 알고 있었으면서 어찌 그리 당황
해 하는지요.

생노병사(生老病死)는 타락으로 인함이 아니라 생명의 또 다른 변화
에 불과한 것… 죽음이라는 것은 끝(死亡)도 아니요 영원한 이별(永訣))
도 아닌 가장 극적인 변화였으니 그렇게 불안 해 하거나 호들갑을 떨
일이 아닙니다.

영생을 믿는 것은 생명에 대한 무지와 죽음에 대한 패배주의가 낳은

신앙으로 옳은 신앙이라고 할 수 없습니다. 신앙을 하는 것은 아름다운 변화를 위한 노력일 뿐 안 죽자는 것이 아니라는 말입니다.

나뭇잎이 그냥 시드는 낙엽이 아니라 아름다운 단풍으로 물들자는 것이요, 과일이 낙과가 아니라 익은 열매로 농부의 손길에 거두어 지자는 것과 다름 아닙니다.

자연의 모든 흐름은 끝이 아니라 아름다운 변화이듯이 인생 역시 태어나 성장하고 결혼하고 죽는 것이 모두 아름다운 변화의 연속이었습니다. 자연은 변화로 여기면서 인간의 죽음만은 왜 아름다운 변화로 받아들이지 못하는 것입니까. 타락의 비극은 죽음이 아니라 그것을 변화로 여기지 못하는 무지(無知)였습니다.

밤과 낮 그리고 사계절이 그때그때 끝나는 단절이 아니라 변화하는 것이라서 가는 것이 오는 것이요 오는 것이 곧 가는 것이며, 주는 것이 받는 것이요 받는 것이 곧 주는 것이었습니다. 밀물과 썰물이 다른 물이 아님과 같고, 보름달과 그믐달이 다른 달이 아님과 같습니다.

화초는 꽃으로 변화의 극(極)에 이르고, 과목은 익은 열매로 변화의 극에 이르는 것 같지만 그것은 인간의 시각일 뿐, 실은 모든 생명이 갖는 변화의 극은 씨앗(結實)으로, 또 하나의 나를 창조해 내는 것이었습니다.

인간 역시 탄생과 결혼이 극적인 변화이기도 하지만 진정한 변화는 죽음으로, 이것은 마음의 씨를 거두는 의식이었으니 예수를 비롯한 성현들의 죽음이 그러합니다. 태어날 때는 한 가문의 작은 씨앗으로 태어났지만 죽을 때는 인류를 품는 씨앗으로 거두어졌으니 이보다 아름답고 화려한 변화가 또 있겠는지요. 그때 그 사람들은 죽었지만 그의 사랑과 자비가 남아서 인류의 마음을 따뜻하게 품는 것 아닙니까.

마찬가지로 모든 이 역시 몸과 더불어 마음의 씨가 선함으로 거두어져서 죽음과 더불어 영생하는 것으로, 이것은 모든 종교가 공히 추구하는 것이었으니 형식만 다를 뿐 본질적으로는 다른 것이 아니었습니다.

성경이 인류의 경(經)이 되지 못하고 기독교의 경전에 머무는 것은, '세상'을 사랑하시는 하나님을 '기독교'를 사랑하시는 하나님이라는 등식아래 세계를 기독교화 하는 것만이 모든 이가 영생하는 길이라고 믿는 데 있습니다.

하나님은 세계를 기독교 화 하는데 목적이 있는 게 아니라 인류를 '독생자 화' 하는데 목적이 있었던 것입니다. 깨물어서 아프지 않은 손가락이 없는 것처럼 자식이 여럿 있어도 하나하나를 독생자와 같은 마음으로 사랑하는 것은 하나님이 세상을 사랑하는 마음에서 비롯된 것이기 때문에 세상을 그렇게 사랑한 예수가 독생자의 이름을 얻은 것 아닙니까. 죄악의 도가니가 된 세상을 '그럼에도 불구하고' 사랑할 수 있었던 것은 부모의 마음자리에서만이 가능한 일이었습니다.

"저(예수)를 믿는 자 마다 멸망에 이르지 않고 영생을 얻는다." 는 말 역시 예수를 믿어서 안 죽는다는 말이 아니라 원수를 앞에 두고도 사랑을 놓지 않았던 예수를 믿어서 예수 화 된 인격을 갖게 되면 예수처럼 아름다운 영생을 한다는 말입니다.

고통스러운 삶은 살아도 사는 것이 아닌 것처럼 사랑으로 자신의 영혼을 가꾸지 못한 이는 죽음 이후의 영생 또한 그러하기 때문에 믿어서 마음을 가꾸라는 말인데, 사람 그 자체를 우상화해서 안 죽겠다 하고 있으니 이미 죽음 앞에 비굴한 패배주의적인 신앙을 하고 있는 것 아닙니까.

하나님은 마음 그 자체를 보자는 것… 그 사람에게 묻어있는 허접한 종교를 보자는 것이 아닙니다. 종교와 상관없이도 사랑을 위하여 살다 간 이는 아름다운 영생을 해야 하지 않겠습니까. 믿지 않았다는 이유만으로 외면하시는 하나님이라면 그 분을 신앙해야 할 이유를 어디에서 찾겠는지요.

사랑의 하나님이라는 말을 입에 달고 살면서도 종교에 갇힌 옹졸한 하나님을 믿고 있으니 예수마저도 종교적인 옷을 입혀놓고 종교 안에 갇혀있는 예수를 믿는 것입니다.

죽음이 없는 영생을 원하십니까.

때가 되어 죽는 것은 해방이며 축복입니다.

계절의 끝자락이 또 다른 계절의 시작인 것을 보면 시(始)와 종(終)이 다르지 않은 것처럼 진정한 생명은 죽음으로부터 시작되는 것이었습니다.

죽음을 이기신 예수를 믿는 이유입니다.

종말론의
종말

"예수가 재림하면 천지는 불타고 믿는 자들은 새 하늘과 새
땅으로 들려 올라간다."(벧후3장)

이교도(異教徒)들의 종말을 원하십니까.

불신자(不信者)들의 종말을 원하십니까.

신앙이 부실한 이들의 종말을 원하십니까.

악한 이들의 종말을 원하십니까.

해당되지 않는 이가 있다고 생각하십니까.

자신과는 전혀 관계없는 말이라고 생각하는 것입니까.

도대체 살아남는 이가 몇이나 되겠는지요.

성경에서 말하는 종말이 진정 하나님의 마음이라고 생각하는지요.

하나님도 그렇게 되기를 원한다고 생각하는 것입니까.

하나님의 말씀이라고 하나님의 마음까지도 그렇다고 생각하는 것입니까.

"너 또 이렇게 하면 맞아… 가만 안 둬… 집에서 쫓아 낼 거야… 맞아 죽어…"

성장하면서 많이 들어본 말 아닙니까.
자녀를 길러가면서 많이 해 본 말 아닙니까.

이런 말들이 진정 부모의 마음이라고 생각하는 것입니까. 부모가 말했다고 다 부모의 말이 아닙니다. 철없는 나로 말미암아 비롯된 말인데 어찌 부모의 마음이라고 할 수 있겠습니까. 부모의 마음에는 사랑과 용서밖에는 다른 마음이 없습니다. 매도 사랑이요 심판도 사랑입니다.

달빛이 달의 빛이 아니라 반사된 햇빛이었던 것처럼 나 때문에 나온 말을 부모의 말이라 할 수 없다는 말입니다.

종말에 대한 말씀이 하나님의 말씀이라고 생각하는 것은 난센스입니다. 인간세상의 그릇됨 때문에 한 말이지 하나님이 하고 싶은 말씀이 아니었으며 그렇게 되기를 바라는 것도 아니었습니다.

무릇 종교라는 것은 '나의 종말'을 가르치는 것… 탐욕과 이기심 그리고 미움으로 가득한 사심(邪心)의 나를 종말하자는 것으로 '너의 종말'을 말하는 것이 아닌데 왜 자신의 종말에는 관심이 없고 나 이외의 종말에 그토록 집착하는 것입니까. 너의 종말을 생각하는 그 이기적인 마음이 종말 되어야 할 것이었습니다. 종교적인 종말론이 종말 되어야 진정한 종말의 의미를 깨친 이라 할 수 있다는 말입니다.

하늘과 땅은 창세 이래 한 번도 '헌 것'이 되어본 적 없는 '새 하늘과 새 땅' 그대로인데 도대체 어디를 꿈꾸는지요. 입맛이 떨어져서 밥맛이 바뀐 것… 밥맛은 에덴의 밥상 그대로인데 밥을 탓해서야 되겠는지요. 입맛이 그 때 그 맛이 아니었으니 입맛을 찾아야 할 일이었습니다. 하늘과 땅은 그대로인데 사람이 그때 그 사람이 아니어서 된 문제였습니다. 이대로 사람만 없어지면 그때 그 동산입니다.

무능력하거나 무책임한 이는 너와 무엇 '때문에…'를 입에 달고 살지만 옳은 생각을 가진 이는 '그럼에도 불구하고' 제 갈 길을 가지 않습니까. 흩날리는 씨앗이 옥토에 자리 잡기도 하지만 돌 틈 사이에 떨어져서도 생명의 도리를 다하려고 안간힘을 쓰는 것에서 배워야 할 것이었습니다.

에덴의 아담이 그렇게 된 것은 종교가 없어서도 아니요, 그 누구 때문도 아니었습니다. 스스로 자신을 지탱하지 못해서 넘어졌으니 일어나는 일도 제 스스로 일어나야 할 일이었습니다. 돌부리에 걸려 넘어졌다고 돌을 걷어차서야 되겠습니까. 돌을 비껴가지 못한 자신에게 문제가 있다는 것을 애써 외면하고 왜 돌을 걷어차는 것입니까.

아담의 일은 과거완료형이 아니라 언제나 현재진행형이었으니 이제 너의 종말을 종말하고 나의 종말을 논해야 됩니다.

출애굽 했던 이스라엘민족이 과거의 나를 종말하지 못해서 광야의 신세를 면치 못했고, 유대인들 역시 종교적인 종말을 종말하지 못해서 종교 너머의 예수를 알아볼 수 없었습니다. 과거의 나를 종말하면 현재가 보이고 미래의 주인공이 될 수 있지만 과거에 붙잡힌 이에게는 미래가 비껴간다는 것이 역사의 준엄한 교훈입니다.

예수는 이스라엘의 후손이면서 혈통에 매이지 않았고, 유대교의 문화 속에서 태어나고 성장했지만 종교에 매이지 않았으니 미래가 보인 것입니다. 자신의 혈통과 문화적인 토양을 넘어설 수 있었던 그 의식이 위대했다는 말입니다. 나를 종말 했으니 독생자로서 인류의 머리가 된 것 아닙니까.

나를 종말 한 이는 자유 함을 얻지만 너의 종말에 붙잡힌 이는 내가 믿는 그것이 나의 올가미가 되어서 자유의 이름으로 자유를 잃어버리고 있는지도 모릅니다.

사랑 해!

　'사랑해' 라는 엄마의 속삭임은 사람의 말이 아니라 신으로부터 상속받은 말로써 천지를 창조했던 동기와 목적이었습니다. 창조주에게 언어가 있다면 '사랑'으로, 이 한마디가 담고 있는 의미는 '영원과 무한' 그 자체였습니다. 세상을 여신 이후 지금까지 기다림의 역사였으니 "사랑은 오래참고…"(고전13장) 라고 했던 사랑의 예찬 역시 하나님의 주제어라고 할 수밖에 없지 않겠습니까.

　나를 사랑한다고 했던 어머니의 사랑이 언제까지였으며 얼마만큼이었겠습니까. 행여 불리하다 싶으면 거두어들이거나 손익계산을 앞세운 사랑이었겠는지요. 배운 적도 없는 사랑이 그토록 성스럽고 절실했던 것은 하늘로부터 기인한 감정이라고 밖에 달리 해석할 길이 없는 것이어서 "하나님은 사랑이시라"(요일4:8)고 믿는 것 아닙니까.

　'사랑해'라는 말은 "어떠한 경우라도…" 와 같은 모든 의미를 담고 있는 말이었으니 사랑보다 더 큰 그릇이 없는 셈입니다. 피조물로서의 인간이 창조주와 동등해질 수 있는 유일한 것이었습니다.

　높은 이와 가진 이는 못할 것이 없지만 단 하나 제 마음대로 하지 못하는 것이 사랑으로, 사랑은 힘으로 쟁취할 수 있는 것이 아니라 행함으로만이 얻을 수 있는 것이라서 그 무엇으로도 대신할 수 없는 '자기만의 창조'였습니다. 사랑을 고백하는 언어가 '사랑 해!' 인 것도 해야만 얻어지는 것이 사랑이기 때문입니다.

산다는 것은 사랑을 창조하기 위한 것… 삶의 순간순간이 사랑을 창조하기 위한 삶이어야 했기 때문에 마음을 이야기 하는 모든 이들이 그토록 사랑을 주장하는 것 아니겠습니까. 죽음의 사선을 넘어 나와 동행하는 것은 사랑이었으니 영원한 재산은 사랑밖에 없습니다.

사랑은 정다울 때도 창조 되지만 용서하고 희생할 때 더 극적으로 창조되는 것이라서 용서와 희생을 주저하는 자는 참된 사랑의 주인이 될 수 없습니다. 인류애의 교과서가 된 예수도 원수를 사랑한 것에서 비롯되었으며, 부모라는 이름이 신(神)의 위상처럼 성(聖)스러울 수 있는 것도 사랑 때문이었습니다.

사랑이 필요 없을 만큼 부자도 없고 사랑하지 못할 정도로 가난한 이도 없으며, 아는 것이 많다고 더 잘 할 수 있는 것도 아니요, 사랑하지 못할 무지도 없으니 사랑보다 평등한 것이 없는 셈입니다.

흔히 사랑이라는 언어를 정다운 남녀의 상징어로 생각하지만 '어떠한 경우…' 라는 상황 앞에서 그 사랑이 유지될 수 없다면 모양만 사랑일 뿐 아직 채워지지 않은 사랑일 가능성이 많습니다. 어쩌면 종교인들이 말하는 사랑 역시 사랑의 모양만 있을 뿐 내용이 없는 사랑일 가능성이 많을지도 모르는 이유입니다. 용서와 희생을 주저하는 이가 사랑을 말하는 것은 그림 속의 꽃을 생화라고 생떼를 부리는 것과 다름 아니기 때문입니다.

사랑하면 누가 먼저라 할 것 없이 서로에게 순종합니다. 자신의 의사를 울음으로밖에 표현할 수 없는 어린 아이에게 절대순종(?) 하는 부모의 마음이 그러하고, 하늘의 뜻은 아랑곳 하지 않고 제 버릇대로 하는 인간을 한결같은 마음으로 찾아오시는 하늘도 순종이 아니고서는 그럴 수 없는 마음 아니겠습니까.

순종이라고 말하면 약자와 강자, 또는 지배자와 피 지배자, 높은 이와 낮은 이를 생각하기 쉽지만 그것은 저두굴신(低頭屈身)을 말하는 것으로 어찌 순종이라 말할 수 있겠습니까. 순종은 약한 자만이 해야 하는 당연한 의무가 아니라 숭고한 사랑을 가진 이 만이 할 수 있는 미덕이며 강한 자가 겸손해질 수 있는 유일한 통로입니다.

높낮이로 구성된 지표면도 우주 밖에서 보면 높낮이를 찾아볼 수 없는 구형이듯이 사랑이 아니면 높음을 부러워하고 낮음에 괴로워 하지만 사랑은 높낮이의 의미마저도 느끼지 못하는 것… 그것을 이상(理想)하는 것 아닙니까.

지금의 그 자리와 삶이 사랑입니까.

포기를
모르는 사랑

"일곱 번을 일흔 번 까지 용서하라"(마18:21~)

그렇게까지 해야 하는 그 사람이 과연 가능성이 있는 사람입니까. 가능성을 보고 용서하라는 것이 아니라 포기를 모르는 참된 사랑을 말하려던 것 아니겠습니까. 그를 위한 말씀이기도 하지만 실은 나를 위한 말씀이었습니다.

탁류가 솟아나는 샘물을 덮쳐도 뿌리에서는 맑은 물이 끊임없이 솟아나는 것처럼 세파에 시달려 잠시 마음의 분별력을 상실했지만 본성의 뿌리까지 흐려지는 이 없으니 개과천선의 가능성마저 포기할 수는 없다는 말입니다.

탁류만 보는 이는 바닥에 솟아나는 샘물을 애써 외면 하지만 샘물을 보는 이는 수정 같은 미래의 강을 보듯이 사람을 보는 것도 그릇됨 보다 본성의 씨를 보라는 말입니다.

실낱같은 숨만 붙어 있어도 희망의 끈을 놓지 않으면서 영원히 죽지 않는 마음의 생명을 쉬 포기하는 것은 마음을 소홀히 여기는 가벼움이라 할 수 있습니다. 실은 그가 가능성이 없는 것이 아니라 내 사랑이 얕은 것입니다. 흐려지지 않는 물도 없지만 맑아지지 않는 물도 없지 않습니까.

용서라는 것은 사랑이라는 뿌리에서 돋아나는 새싹 같은 것… 조건 없는 사랑이 사랑의 의미라고 할 수 있습니다. 사상으로 오염된(?) 이들은 용서를 위한 조건을 찾지만 실은 그 속내를 보면 용서하지 못할 이유를 찾고 있는지도 모를 일입니다.

율법에 오염된 이들은 율법 속에서 사랑을 찾았으니 사랑하지 못할 이유만을 찾았고 예수님은 사랑으로 율법을 완성했으니 이유 같은 것이 필요치 않은 사랑이었습니다.

고체는 두드리면 흠이 생기지만 액체는 그 무엇으로도 상처를 낼 수 없는 것처럼 부모는 용서라는 단어마저도 필요치 않은 사랑이라서 돌아올 때까지 기다리는 것 아니겠습니까.

씨앗을 보면서 숲을 볼 수 있어야 하는 것… 본성의 씨를 보면서 이상 인간과 이상세계에 대한 가능성을 찾을 수 있는 눈이야말로 하늘의 마음으로 세상을 본다고 할 수 있을 것입니다. 그것이 사랑의 힘이었습니다.

사람들은 자신의 사회적인 위치와 가진 것을 힘이라고 생각하지만 그것은 자신의 힘이 아니라 자기 이외의 것들에 의한 힘이라서 그것을 잃는 순간 무력해지지 않습니까. 정승 집 개가 죽으면 문전성시를 이루지만 정작 정승이 죽으면 내 몰라 라 하는 것이 세상인심인데 나를 가꾸지 않고 정승 집 개를 기르고 있는 것은 아닌지요.

사람의 크기와 강함은 그 사람이 품고 있는 사상(思想)의 크기이기도 하지만 사상보다 더 강한 것이 사랑으로써 정작 그 사랑이 나타날 때는 가장 약함으로 나타나는 것입니다. 자연은 더 큰 힘을 가진 것이 강한 것이지만 사랑은 더 큰 사랑을 가진 이가 약자라서 언제나 지고 이기는 것 아닙니까.

부모가 자식을 이기지 못하는 것도 자식보다 큰 사랑을 가졌기 때문이며, 예수 역시 원수까지도 품을 수 있는 큰 사랑이어서가 아닐는지요. 하나님이 사람에게 지는 것(?)도 더 큰 사랑을 가졌기 때문이었습니다.

백수의 왕도 제 새끼에게는 순한 양과 다르지 않은 것 역시 사랑이었습니다. 자식에게는 이기지 못하는 부모들도 대문만 나서면 이기려고 하지 않습니까. 지고도 기뻐하는 것은 사랑이지만 이겨야만 기뻐하는 것은 사랑이 아니기 때문입니다.

바다보다 큰물이 없는 것은 가장 낮은 곳을 차지했기 때문인 것처럼, 사랑 역시 애써 이기려 하지 않고 높은 것도 탐하지 않으며 오직 낮은 자리에서 위하는 것으로 족해 하는 무관의 제왕이었습니다.

산다는 것은 더 큰 사랑을 얻기 위한 것… 생명의 요소들로 가득한 우주 공간 어디에서나 조건만 갖추어 지면 생명이 창조되는 것처럼 사랑으로 가득한 천주(天宙)의 품에서 사랑을 하기 만 하면 내 사랑으로 소유된다는 것이 축복이지 않습니까. 그래서 사랑은 '하는 자의 것'이지 '받는 자의 것'이 아니라는 말입니다.

스스로 배운
걸음마

"사랑이 머리에서 가슴으로 내려오는데 70년이 걸렸습니다."
큰 어른이 선종(禪宗)을 하면서 남기신 말입니다.

대다수의 사람들은 죽는 날 까지도 이루지 못하는 것을 70년이 걸려서라도 이룰 수 있었다는 것이 위대하지 않습니까.

흔히 머리는 차갑고 가슴은 따뜻해야 한다고들 하지만 어쩌면 가슴은 차갑고 머리만 뜨거운 것은 아닌지요. 말로만 의로울 뿐 몸은 의롭지 않고, 머리만 사랑일 뿐 손과 발은 사랑이 아닌 것 때문에 너와 내가 아파해야 하는 것 아닙니까.

자식 사랑은 온 몸으로 하는데 이웃 사랑은 입으로 하고, 제 몸 사랑은 반사적인데 이웃 사랑은 이성(理性)을 앞세우게 됩니다. 산다는 것은 잘잘못을 가리는 예리한 눈이 필요한 것이 아니라 지그시 눈을 감고 가슴으로 살아야 할 일이었습니다. 봐도 못 본 듯 알아도 모르는 척해야 할 일이었는데 옳은 말이랍시고 할 말을 다 했던 것이 어리석음이었습니다.

학문은 아는 것과 모르는 것의 경계가 분명하지만 인생은 아는 것과 모르는 것의 경계가 모호해서 아는 것도 아니요 모르는 것도 아닌 것이 인생입니다. 선하게 살아야 하는 것을 모르는 이 없으니 다 아는 것 같지만 그렇게 살지 못하는 것을 보면 또한 안다고 할 수도 없는 것 아닙니까. 부부가 화목해야 한다는 것을 모르는 이 없으니 다 아는 것 같은데 그렇게 살지 못하는 것을 보니 안다고 할 수도 없습니다.

살아야 아는 것이지 알면서도 살지 못하는 것은 모르는 것이나 다름없지 않습니까. 도리(道理)에 관한한 배우지 않아도 아는데 애써 배워도 잘 되지 않는 것을 보면 마음이 성장한 만큼 알아지고 살아지는 것이었습니다.

누구나 알 수 있는 수학 문제를 가지고 삼 십 년 동안 씨름을 하고 있다면 '돌대가리'라는 말을 들어도 쌀 텐데 부부는 삼십 년을 살면서도 아직도 풀고 있는 중이라고 말할 수밖에 없으니 아마도 나는 '돌대가리 인생'을 살고 있음에 틀림이 없는 것 같습니다. 한 사람을 아는 것이 그렇게 어렵다는 말입니다.

아이들이 태어나 가장 먼저 배우는 것이 걸음마와 말인데 이것을 '배운다'고 말하지만 정말 가르치는 이가 있어서 배우는지요. 어느 날 뒤집고 기는가 싶더니 앉고 서고 걷지 않습니까. 한 번도 넘어지거나 엎어진 일 없이 걸음마를 배운 이가 있습니까? 말 역시 엄마 아빠로 시작해서 말도 아닌 말을 하다가 어느 날 모든 말을 하지 않습니까. 말 속에 살다보니 말을 하게 된 것이지 딱히 누구에게 배워서 하게 된 말이 아니었습니다.

글은 배우지 않는 한 문맹(文盲)으로 살아야 하지만 말이나 걸음마는 누구에게 배우지 않고도 알아진 것이었으니 스스로가 선생이고 학생이었다는 말입니다. 10년을 넘게 영어를 배우고도 말을 못하는 것은 말을 배워서 하려고 하기 때문 아닙니까.

공부(工夫)란 "자신을 알아 가는 것"(知己之學. 孔子)이며 "자기를 극복하는 것"(克己之學. 老子) 이라고 하신 것 역시 인생 자체가 그 누구에게 배우는 것이 아니라 스스로에게 배우는 것이라는 말 아닙니까.

가정이라는 울타리 밖에서는 남을 이기고 세상을 이기는 것을 배워왔다면 부부 학교에서는 경(經)의 가르침대로 나를 이기고 나를 극복하는 것을 배우는 스스로의 공부가 시작되는 것입니다.

넘어지고 엎어지는 것 역시 걸음마를 위한 배움의 과정이고, 잔병치레 역시 면역력을 길러가는 과정이듯이 불화와 갈등을 통하여 용서와 인내를 배우는 것이었으니 그것 또한 공부였습니다.

시험은 비약을 위한 것… 지나고 보니 고비 고비마다 모진 시험으로 한 단계 한 단계 도약해 가는 것이었으니 모든 것이 공부였습니다. 그렇게 해서 사랑이 가슴으로 내려오는 날 비로소 가정이라는 학교를 졸업하는 날이 아니겠습니까.

스스로(自) 그러한(然) 자연(自然)을 가장 큰 스승이라 하는 이유입니다.

상품화 된
구원

빛을 앞세워 가면 그림자가 뒤따라오지만 빛을 등지고 가면 그림자가 주인인양 나를 앞서 갑니다. '생각을 하면서 사는 이'는 마음이 주인노릇을 하지만 '사는 것이 생각이 되는 이'는 몸이 주인행세를 합니다. 산다는 것(生)은 깨달음(覺) 이라서 생각을 앞세워 살아야 하는 이유입니다.

아담이 먼저 생각을 했더라면… 함이, 아브라함이, 모세가, 유대인들이 생각을 하고 행하였더라면… 생각으로 살지 않고 행함이 생각이 되어서 실수를 했던 것입니다. 에덴의 버릇이 인류의 피와 살이 되면서 몸이 주인행세를 하게 된 것입니다.

세상의 모든 불합리한 것들 역시 생각을 접어둔 채, 사는 것이 생각이 되면서 비롯된 것들이 아닐는지요. 행하기 전에 생각을 하는 이는 스스로의 언행을 거르며 살지만 사는 것이 생각이 되는 이는 그릇된 삶을 합리화 하는데 급급합니다. 죽은 나무가 태양을 이고 있지만 태양과 상관없듯이 사는 것이 생각이 된 이는 하늘 아래 살지만 하늘과 관계가 멀어질 수밖에 없지 않겠습니까.

가인이나 예루살렘의 사람들은 살인을 하고서도 자신이 그르다는 것을 인정하지 않았지만 예수는 억울한 죽음도 생각을 하고 맞이했기 때문에 죽음의 자리에서도 "예루살렘의 딸들아 나를 위해 울지 말고 너희와 너희 자녀를 위해 울라."(눅23:26~)는 위대한 말을 남길 수 있었습니다. 분하고 억울하면서도 오히려 이스라엘의 미래를 걱정 했으니 더 큰 이름으로 다시 태어난 것 아닙니까.

역사의 길목마다 의로운 족적을 남겼던 이들의 삶이 모두 생각을 하면서 살았던 이였다면 사는 것이 생각이 되었던 이들은 부끄러운 이름을 남겼습니다. 생각을 하고 사는 사람은 하늘의 뜻에 순응하는 사람이라면 사는 것이 생각이 되어 사는 이는 제 몸에 순응하는 사람이겠지요.

사람이 교육을 받는 것 역시 생각을 배우는 것… 생각이 손과 발을 주관하기 위함이었습니다. 경(經)이라 일컫는 사상들이 모두 생각을 말하는 것이 그것입니다.

그렇다고 마음이 이성적인 교육만으로 되는 것은 아닙니다. 마음은 지식과 달리 애써 가르치는 것이 아니라 존경하는 이로부터 상속받는 것이라서 그분과 정들면 어느 날 그분 화 되어있지 않습니까. 그러한 교육은 한 번의 자극으로도 뼈에 새기는 교육이 되지만 교육을 위한 교육은 소나기가 바위를 적시는 것과 같은 것… 바위가 젖었다고 속까지 젖는 바위가 없듯이 교육을 하는 이만 있을 뿐 교육을 받는 이가 없는 교육입니다.

애써 가르치지 않아도 배워지고 간섭하지 않아도 주관 되어지는 것이 마음교육의 본질로써 마음은 배워서 알아지는 것이 아니라는 말입니다.

종교라는 것은 진리를 통하여 생각을 배우려는 것인데 행여 감동이 없는 교육으로 세월만 낭비하고 있는 것은 아닙니까. 바위를 적시듯 하는 교육은 반복 될수록 중독성이 됩니다. 교육자보다 피교육자가 더 적극적이어야 마음 교육이라고 할 수 있는 것… 피교육자보다 교육자가 적극적인 교육은 주제만 교육일 뿐 이미 교육이라고 할 수 없습니다. 예컨대 밥은 그리워서 먹으면서도 그립지 않은 예배를 예배라고 할 수 있겠는지요.

강요받은 선행은 사람을 선하게 하지 못하고 강요된 믿음은 자신의 정체성마저 마비시켜버리게 됩니다. 진통제에 의존하면 죽어가면서도 아픔을 느끼지 못하듯이 반복된 교육으로 얻어진 구원은 '교육적인 구원'으로 구원과는 상관없는 경우가 많고, 구원의 목소리가 크면 클수록 '상품화된 구원'(?)일 경우가 많지 않습니까.

인간이 종교를 만들어 놓고 그 종교에 지배를 받는 것 또한 인간이라는 것이 서글프지 않습니까. 예수는 사고파는 구원이 아니라 구원 된 삶을 요구하는 구원이었습니다.

구원의 동기는 "네 믿음이 너를 구원 했느니라"(눅18:42)로 시작하지만 구원의 결과는 "네 삶이 너를 구원 했느니라" 여야 했다는 말입니다. 삶의 전제와 결과가 없는 믿음은 결국 제 종교를 지탱하는 소품일 뿐 구원과는 상관이 없는 믿음입니다. 예수가 예수 된 것도 믿음이 아니라 거룩한 삶이 예수 되게 한 것 아닙니까.

새싹이 아름답지만 결국 꽃과 열매를 보자 함이었듯이 신앙역시 마음의 나를 찾아 '사는 것이 생각이 되는 삶'이 아니라 '생각을 하면서 사는 삶'으로 스스로를 구원하자는 것이었습니다.

생각으로 사십니까?
사는 것이 생각입니까?

너희가 땅의
生靈이니라.

> "여호와 하나님이 흙으로 사람을 지으시고 생기(生氣)를 그
> 코에 불어 넣으시니 사람이 생령(生靈)이 된지라(창2:7)"
> "여호와 하나님이 흙으로 각종 들짐승들과 공중의 새들을
> 지으시고… (창2:19)"

창조의 소재(?)가 공히 흙이었다는 말은 우리가 아는 흙이 아니라 육
신과 자연의 원소(元素)가 같다는 것에 대한 원시적인 표현입니다. 창
세기 기자가 과학적인 교육을 받았다면 아마 그렇게 표현하지는 않았
겠습니까? 성경을 과학의 원시성과 문학적인 은유성을 전제로 하고 봐
야하는 이유입니다.

본문을 보면 사람에게만 '살아있는 기운'(生氣)을 불어 넣었다고 했는
데 이것 역시 창세기 기자의 착각일 수 있습니다. 자연 역시 죽은 기운
(死氣)이 아닌 생기를 불어 넣었으니 살아 움직이는 것 아니겠습니까.

행여 생물(生物)과 무생물(無生物)이라는 이분법적 언어에 붙잡혀서

무생물은 정지해 있다고 생각할지 모르지만 그것 또한 과학 이전의 시각에서 본 것일 뿐 무생물 역시 역동적인 작용과 운동을 하고 있다는 것이 상식화 된 이론입니다.

태양계만 패도가 있는 것이 아니라 물질의 최소단위인 입자 역시 완벽한 패도 아래 쉼 없이 운동을 하고 있으며 그 입자가 모든 세포의 토대를 이루고 있는데 생(生)과 무생(無生)의 경계를 둔다는 것 자체가 원시 시대의 잔재 내지 이분법적인 언어가 낳은 폐해라고 할 수 있습니다.

생(生)이 존재하려면 무생(無生)의 광물질을 섭취해야 되는 것이었으니 정도의 차이는 있지만 모든 것들이 공히 살아있는 기운(生氣)을 품고 있다고 해야 할 것이었습니다. 나아가 개별상(個別象)으로서의 생명만을 생각하는 단견에서 벗어나 지구와 우주 자체가 하나의 생명체라는 우주적인 생명의식을 갖는다면 생(生)과 무생(無生)이라는 것에 집착한다는 것 자체가 무의미한 것입니다.

무(無)라는 말이 존재의 무(無)가 아니라 존재의 궁극에 대한 극적인 표현이듯이 무생(無生)이라는 말 역시 생명(生)의 없음(無)이 아니라 생명의 무한한 토대를 이루고 있는 것이 무(無)라서 불가(佛家)에서도 색(色)과 공(空)을 둘로 보지 않았던 것입니다.

이처럼 정도의 차이를 두고 모든 것에 생기를 불어 넣었듯이 인간에게는 또 다른 의미의 생기를 불어넣었으니 '살아있는 영'(生靈)이 바로 그것입니다. 이 말이 지니는 의미는 하나님이 하늘에 계신 생령(生靈)이라면 인간은 땅으로 내려온 생령(生靈)이라는 말일 것입니다.

육신이 자연과 동질 동요소라면 마음은 하나님과 동질 동요소라서 두 세계를 매개(媒介) 하는 것 아닙니까. 하늘이 느끼시는 것이나 인간이 느끼는 감정이 다르지 않다는 말입니다.

신(神)이 인간의 위상(生靈)을 규정했다면 신에 대한 규정 역시 인간이 내린 것 아닙니까. 모든 종교가 신을 전지전능(全知全能) 하다고 규정 하는 것은 천지창조의 현장을 목격해서가 아니라 인간의 이성으로는 가늠할 수 없는 우주의 장엄함과 입자의 섬세함에 대한 결론으로 신은 당연히 그러할 것이라는 상상력을 반영한 것이며, 윤리적으로 완전(至高至善)할 것이라는 것 역시 신을 만나보고 내린 결론이 아니라 인간이라면 누구나 갖는 절대 선에 대한 끊임없는 이성적인 요청이 신으로부터 비롯되었을 것이라는 귀납적인 결론에서 비롯된 것 아니겠는지요.

이처럼 인간만이 갖는 창조성과 절대 선에 대한 끝없는 열망이 인간에게만 불어넣었던 특별한 생기(生氣)였으며 이것으로 인하여 사람을 보면서 하나님의 존재를 짐작할 수 있고 그러한 감각으로 하나님을 감응할 수 있었기 때문에 인간을 일컬어 살아있는 영(生靈)이라고 지칭하게 된 것입니다.

하늘의 생령(生靈)이신 하나님이 자신의 형상(形象)과 신성(神性)을 불어넣어서 아름다운 우주를 창조하신 것처럼 인간은 땅의 생령(生靈)으로서 필요에 따라 스스로 아름다운 세상을 만들어 가도록 창조한 것이 창조의 프로그램이었기 때문에 "생육하고 번성하여 모든 만물을 주관하라"(창1:28)고 하신 것 아닙니까. 이 말의 의미는 "나를 닮아 이제부터 네 스스로 알아서 하라" 는 말씀입니다.

부자가 되고 싶은 이는 부지런함과 근검절약보다 더 지극한 기도가 없을 것이고, 건강하고 싶은 이는 해로운 음식을 피하고 적당한 운동을 하는 것이 최고의 기도일 것이며, 천당을 가고 싶은 이는 위하여 사는 사랑의 삶이면 족할 것입니다. 그러함에도 어려움을 겪는 자를 위하여 사회적인 제도가 보장해 주는 정치적인 시스템을 갖는 것 역시 인간의 노력으로 해결 해 가는 것 아닙니까. 엎드려 기도하는 것이 아니라 저마다의 자리에서 스스로 행함이 기도며 신앙이어야 했다는 말입니다.

예컨대 밀을 창조하신 하나님이나 그 밀로 온갖 종류의 빵을 만드는 인간 역시 하나님의 창조성에서 비롯된 것이고, 채소를 창조하신 하나님이나 그 채소로 온갖 요리를 해 내는 솜씨 역시 하나님의 창조성이었으니 살아있는 생령이라 일컫는 것입니다,

솜씨도 그러하지만 가끔은 인격이 신성(神性)하다고 할 수밖에 없는 이를 통하여 살아계신 신(生靈)을 볼 수 있었으니 현자(賢者)들의 삶이 그것이었습니다. 그러나 그것은 그 분들만의 세계가 아니라 인간이라면 누구나 가져야 할 보편적인 품성이었기 때문에 누구나 절대 선에 대한 동경을 가지고 있는 것입니다.

때가 낀 유리창에는 빛이 굴절되지만 깨끗한 유리창은 빛이 완전히 통과하듯 살아있는 영(生靈)으로서의 인간은 신과 완전한 교감을 하겠지만 망가져서(墮落) 죽은 영(死靈)이 된 인간은 때가 낀 유리처럼 신이 투영될 수가 없어서 피안(彼岸)의 세계에 계신 신을 믿는 것이며 언제나 나 밖에 계신 신에게 의지할 생각밖에 하지 못하는 것입니다.

메시아가 메시아인 것은 땅의 생령(生靈)으로서 하늘의 생령을 모셨기 때문에 피안(彼岸)에 계신 하나님을 모신 것이 아니라 내 안에 나와

함께 계신 아버지를 모셨으니 그 분이 품었던 태초의 소원은 물론 그 분의 아픔까지도 공감할 수 있었던 것 아니겠습니까.

누구나 경험하는 바이지만 우리 아이가 어렸을 적에 하늘에 떠 있는 달을 따 달라고 생떼를 쓴 적이 있습니다. 아빠는 무슨 소원이든지 다 들어줄 수 있을 만큼 전지전능(?)하다고 생각하는 것이나 모든 면에서 완전무결하다고 생각하는 아이의 신앙(?)과 같은 것이 신을 향한 인간의 마음 아니겠습니까. 아이들이 부모의 사정은 안중에도 없고 오직 자신의 감정과 사정에만 충실한 나머지 시도 때도 없이 생떼를 쓰는 것처럼 미숙한 인간들의 신앙이 그러한 것입니다.

언젠가는 땅의 생령으로써 하늘의 생령이신 하나님의 사정을 살피는 때가 와야 하지 않겠습니까. 그것이 이론적으로 아는 지식이 아니라 체휼적인 느낌일 때 비로소 땅의 생령이라고 할 수 있을 것이기 때문입니다. 아직은 나의 심정이 죽음(死靈)의 경계를 벗어나지 못해 배움으로서의 하나님일 뿐 생령(生靈)으로서 느껴야 할 하나님을 느끼지 못하는 것이 신앙인들의 한계가 아닐는지요.

"너희가 땅의 생령이라."
우리의 기도입니다.

들리지 않는 천둥
보이지 않는 번개

"하늘은 듣기를 즐겨하고 사람은 말하기를 좋아한다."

다들 명언(名言)이라고 생각하는 말입니다.

정말 그렇습니까. 소리가 들리지 않는다고 침묵 하는 하늘이라고 생각하는 것은 듣는 소리에 익숙한 인간의 버릇 때문이라는 생각은 해 보지 않았는지요. 지금 하고 있는 말이 말의 전부라고 생각하는 단견에서 비롯된 생각일 수 있습니다.

마음을 담은 말과 단순히 의사를 전달하는 도구로서의 말을 혼돈해서는 안 됩니다. 도구로서의 말은 다 하고 살지만 마음의 말은 하는 말보다 담고 있는 말이 더 많지 않습니까. 마음의 말이 인간의 말이라면 도구로서의 말은 동물의 소리와 같은 것… 도구에 불과한 말을 하면서 듣기보다 하기를 좋아 한다고 말하는 것은 아닙니까.

자기 합리화나 이익을 전제로 하는 말, 나아가 타인을 비난하는 이기적인 말들은 인간의 말이 아니라 자기 방어를 위한 본능의 발로 이상도 이하도 아닙니다. 그러한 말들이 인간세계의 언어로 채워져 있으니 말은 없고 소리만 있을 뿐… 마음으로 하는 말이 없으니 마음으로 들을 말이 없다는 말입니다.

인간은 '소리 말'을 하는 반면 하늘은 '소리 없는 말'을 하고 있으니, 우주가 모든 이치로 말함이 그러하고 삼라만상이 존재를 위한 법(法)으로 말함이 그러합니다. 이법(理法)을 벗어나는 순간 존재의 꽤가 유지될 수 없는 자연이나, 이(理)와 법(法)을 벗어나는 순간 마음의 평화가 흔들리는 인간 역시 모두 하늘의 소리 없는 말씀에 주관 받고 있는 것 아닙니까.

옳고 그름을 물어봐야 아는 '나'입니까. 타인이 지적하지 않아도 스스로 아는 나 아닙니까. 내가 아는 나가 곧 하늘이 아시는 나이고 보면 말을 하지 않는다고 모르는 하늘도 아니요 말을 해야만 아는 하늘도 아니라는 말입니다. 의로운 이는 내가 아는 나를 존중하고 신뢰하는 사람이라면 의롭지 못한 이는 내가 아는 나를 모른 체 하고 살아가는 사람입니다. 기도라는 형식을 통하여 굳이 하늘의 응답을 구하지 않아도 내가 아는 나에게 순응하고 사는 것이 하늘을 모시는 삶이 아니겠는지요.

하늘은 한 번도 침묵한 적이 없고 멈춘 적도 없는 하늘입니다. 다만 사람이 보지 못했을 뿐 언제나 외치는 하늘이었고 행하는 하늘이었습니다.

현자(賢者)가 현자인 것은 소리 없는 하늘의 말씀을 천둥같이 들었고 모양 없는 하늘을 번개같이 보아서 된 이름 아니겠습니까. 그 모든 것이 나 밖에서 들려 온 것이 아니라 제 속에서 울려오는 소리였으며 자연 속에 내재하는 보편적인 진리의 속삭임을 들은 것입니다.

하늘은 해야 할 말씀으로 우주를 채우신 분이라면 사람은 하지 말아야 할 말을 더 많이 한다고 해야 옳은 표현일 것입니다.

예컨대 "아담이 먹자고 해서… 제가 아벨을 지키는 자입니까." 와 같은 에덴의 변명이나 예수에게 퍼 부었던 말들이 사람이 해야 할 말들이었습니까. 제 영역을 지키기 위한 본능적인 아귀다툼에 불과한 것으로 그것은 에덴과 예루살렘만의 이야기가 아니라 지구와 인류라는 에덴이 그러한 언어로 살아가고 있습니다.

큰 어른들은 이러한 언어의 고리를 끊고 하늘의 말을 되찾기 위하여 경(經)을 남기셨으니 그 경(經)을 접하면서 내 마음에 새기려는 것이며, 서로 간의 말도 하늘의 말씀으로 존중하려는 것입니다.

어디 성현뿐이겠습니까. 나를 향한 부모의 마음과 말 역시 영원을 두고 내게 하시는 하늘의 말씀과 다르지 않다고 하면 섭섭해 하실 하늘인지요. 자식을 위하여 축수(祝手)하는 것으로 말하면 부모와 하늘이 다르지 않다는 말입니다. 부모의 마음이 하늘에서 내려온 마음(直心)인 이유입니다.

들을 수 있는 귀만 있다면 사람보다 더 많은 말씀을 하는 하늘일 것이며 한걸음만 더 나아가면 애시 당초에 사람의 말과 하늘의 말을 구분할 것도 아니었습니다.

이제 하늘의 말이 들리는지요.

種子가
그래.

　딸아이 시집을 보내는 와중에 한 바퀴 돌아온 내 인생을 뒤돌아보면서 부부라는 주제에 생각이 머물러 이 글을 씁니다.

　운명적인 만남이라는 설렘으로 만난 것이나 만난 것을 운명이겠거니 생각하는 만남이나 살다보면 다툼과 갈등이 없는 부부가 없으니 다 거기서 거기 아니겠습니까.

　이상형(理想型) 이라는 말은 그야말로 보이는 모양(型)일 뿐 내용이 아니었습니다. 잠시면 지나갈 모양을 가지고 자신의 이상이라고 생각하다가 낭패를 본다는 말입니다.

　형(型)이 모양이라면 내용은 살아가면서 채워가는 것… 이상(理想)이라는 것은 서로 간의 노력으로 모양을 만들고 채워가는 것이라는 생각을 하지 못하고 애시 당초에 만들어지고 채워져 있기를 바라는 착각으로 보낸 세월이었습니다.

　어떤 이는 인생을 여행이라고도 하고 소풍이라고도 하지만 내가 느끼는 인생은 수행(修行)인 것 같습니다. 나만의 길이라면 설레는 여행이나 소풍일수도 있겠지만 너와 함께 가야하는 길이기 때문에 마냥 좋을 수만은 없는 길 아니겠습니까.

20여 년을 넘게 생면부지로 살아왔던 두 사람이 만나 한 공간에서 산다는 것이 실은 기적 같은 일 아닙니까. 인종이 다르다는 것은 동서양만을 두고 하는 말이 아니라 부부 역시 서로 생각이 다른 인종(?)이었으며, 언어 역시 같은 한국어를 쓰지만 서로 다른 정서를 가졌으니 다른 언어를 쓰는 이방인이라는 것을 잊고 동족이라고 생각한다는 말입니다. 말은 통하지만 마음이 통하지 않으니 그 말들은 통하지 않는 이방인의 말이었습니다. 서로 다른 인종이 만나 서로를 이해해 가는 것이 부부라는 내 말이 지나친 말인지요.

결혼 초에는 언행 그 자체가 갈등의 원인이 됩니다. 말과 행위 너머의 마음을 보지 못해서 사소한 말이나 행위가 불화의 씨앗이 된다는 말입니다

그렇게 해서 30여 년을 그럭저럭 살다보니 말과 행위 너머의 마음이 보이면서 서로를 이해하게 되고 나아가 종자(種子)가 보이기 시작했습니다.

"아! 저 사람은 본래 종자가 그래

이 말은 부부가 삼사십 년을 살아봐야 알아지는 말일 것 같습니다,

종(種)이 바뀔 수 있습니까. 종자개량이 있기는 하지만 그것 역시 방치해 버리면 잡종으로 돌아가는 것이 모든 종자의 속성이듯이 사람이 교육으로 바뀐다는 것도 그러합니다.

"평생을 신앙생활을 하셨는데 서로 간에 언행이 좀 바뀐 것 같습니까."

"제기랄 더했으면 더 했지 바뀌기는 …"

모범적인 신앙생활을 하면서 50여 년을 한 공간에서 살아온 어느 노

부부의 말입니다.

그분들만의 말이라고 생각하는지요.

지금 같이 살고있는 그 사람이 그동안 바뀌었는지요. 그때 그 성격이나 버릇 그대로 아닙니까. 내가 경험한 바로는 바꾸려고 하거나 바뀌기를 바라는 것 모두 부질없는 짓일 것 같습니다. 본래 종자가 그렇다는 것이 30년을 살아본 나의 경험입니다.

그를 바꾸려고 하거나 바뀌기를 바랐던 자신의 착각을 탓해야지 바뀌지 않는 상대를 원망하면 그 원망은 아마 죽는 날까지 해야 할 원망일 것입니다. 종자는 바뀌지 않는다는 말입니다. 그렇다고 그것을 나쁘다고 말할 수는 없는 것… 그냥 나와 종자가 좀 다르다는 것을 서로 인정하는 것이 그나마 담 너머로 목소리가 넘어가지 않고 살아가는 지혜가 아닐는지요.

다람쥐가 날쌘 것은 부지런해서가 아니라 본래 종자가 그런 것이고 연체동물이 느린 것은 게을러서가 아니라 본래 종자가 그런 것처럼 사람 역시 본래 종자가 다 그러한 것… 서로를 탓할 일이 아니었습니다.

딸아이 부부도 빨리 이 진리(?)를 깨쳤으면 좋겠지만 그들도 살아봐야 알아지는 진리 아니겠습니까. 그것을 빨리 깨치는 것이 인생을 달관하는 것 아니겠는지요.

"종자가 그래....."
삼십 년만에 얻은 결론입니다..

그렇게
배워가는 거지

아이는 뒤집으면서 기는 것을 배우고, 넘어지면서 서는 것을 배우며, 엎어지면서 걸음마를 배웁니다. 넘어지고 엎어지는 경험 없이 걷는 아이도 있답니까. 잔병치레를 하면서 면역력이 길러지고, 방황을 하면서 제 갈 길을 찾아갑니다.

청년은 좌절을 하면서 희망을 배우고 불효를 하면서 효심이 성장합니다. 부부는 불화를 하면서 사랑을 배우고 갈등을 하면서 인내를 배웁니다. 사업을 하는 이는 부도를 맞으면서 사업을 배우고 실패를 하면서 성공을 배웁니다. 국가는 분열의 아픔으로 통일을 배우고, 부정부패 속에서 정의를 배우며, 전쟁을 하면서 평화를 배웁니다.

요철(凹凸)과 명암(明暗)이 없는 예술도 있답니까. 극(+)과 극(-)이 부딪히면서 빛이 창조되듯이 아름다움이라는 것도 그렇게 창조되는 것… 인생도 그렇게 그렇게 하면서 철이 들어가는 것 아닙니까. 지금 자신의 처지를 두고 그렇게 초조해 할 일이 아닙니다.

신산(新山)은 거칠지만 노산(老山)은 순하듯이 세월이 가면 다듬어지게 되어있습니다. 나이 듦에 따라 철이 드는 것이라면 기다리는 수밖에 없지 않겠습니까.

생물학적인 나이는 연속적으로 먹어가지만 마음은 무엇인가를 시작하는 그 순간부터가 새로운 나이가 시작 되는 것…

30여 년 동안 직장생활을 하던 이가 자기 사업을 시작 한 지 1년 만에 하는 말 "이제 조금 길이 보이는 것 같다" 고 말하는 것처럼 사업을 시작하는 순간 '사업나이'가 시작되는 것과 같이 결혼을 하는 그 순간부터 '부부나이'도 시작된다는 말입니다.

서른에 결혼을 한다고 부부나이가 서른이라고 생각하는 것 때문에 낭패를 봅니다. 서른이라는 나이는 생물학적인 나이일 뿐 부부로서의 나이는 이제 갓 태어난 아이일 수밖에 없으니 넘어지고 엎어지는 갈등으로부터 부부생활이 시작되지 않습니까.

"그 사람이 어떤 사람이야?"

"20년을 넘게 산 내 마누라도 모르는데 그 사람을 어떻게 알아."

지인과 주고받은 대화입니다.

결혼하기 전에 알았던 그녀가 그녀였습니까.

내가 알던 그이가 그이였습니까. 살아보니 내가 알던 그 사람이 아닌 것이 얼마나 많습니까. 결혼생활이라는 것은 미지의 세계를 탐험하는 것과 같은 것… 살아가면서 알아가고 배워지는 것이었습니다.

결혼을 한지 십 여 년 된 부부는 부부나이가 청소년기 밖에 되지 않으니 '나를 위한 너' 라는 생각에서 벗어나지 못해 서로를 이해할 수 있는 여유가 없고, 이삼십 년 된 부부는 부부나이가 청년기가 되었으니 서로를 다소 이해할 수 있는 여유가 생겼을 것이며, 사오십년 된 부부는 부부나이가 장년기가 되었으니 비로소 '너를 위한 나' 라는 생각으로 그러려니 하고 살아갑니다.

자식을 성인으로 길러서 시집 장가를 보낼 때쯤 부부로서의 나이도 성인이 된다는 말입니다.

넘어지고 엎어지는 아이나 방황하는 청소년을 보면서 '그 때는 다 그렇다' 며 대수롭지 않게 말하는 것은 그 때를 지나 온 사람만이 할 수 있는 여유로움이듯 지금 내가 겪고 있는 일들도 세월이 지나 추억의 언덕에서 내려다볼 수 있는 여유가 생기면 한번 빙긋 웃고 넘어갈 일들입니다.

어떤 이가 여러 가지 문제를 두고 심각하게 고민을 했습니다.

흘리듯 한마디 "그렇게 그렇게 하면서 배워가는 거지…"

올가미에
걸렸구나.

몸부림을 치면 칠수록 죽음의 수렁으로 빠져드는 올가미처럼 자신도 올가미에 걸려있다는 사실을 자각 하지 못하는 것이 사람입니다.

죽이고 싶도록 미운 이가 죽어도 마음이 편하지 않은 것은 미움이라는 올가미에 걸렸음이요, 보고 또 봐도 채워지지 않는 것을 보니 올가미에 걸리기는 사랑도 마찬가지입니다.

필요 이상을 가졌음에도 더 갖지 못해 안타까워하는 것은 욕망이라는 올가미에 걸렸음이요, 몸이 상하도록 먹고 마셔도 성이 차지 않는 것 역시 그것에 올가미가 걸린 것입니다.

올라가는데 정신이 팔려 내려오는 길을 잃어버렸고, 지식이라는 올가미에 걸려 겸손을 잃어버렸습니다. 앎을 자랑하다 무지(無知)에 대한 사랑을 잃어버렸고, 천국이라는 올가미에 걸려 지옥의 신음소리를 듣지 못한지 오랩니다.

자기로부터의 혁명을 하지 못한 이들이 정의(正義)라는 올가미에 걸려 세상의 혁명을 부르짖다가 또 다른 불의(不義)를 낳았고, 자신의 행위를 대의(大義)라고 믿는 그 신념으로 상대방을 불의(不義)로 규정짓는 것 역시 자신이 만들어 놓은 올가미에 걸렸다는 생각은 해 보지 않았는지요. 내가 대의라면 상대 역시 또 다른 대의일 수 있다는 생각을 해 봄직도 하지 않습니까. 대의(大義) 반대말이 불의(不義)일 수만은 없는 이유입니다.

"원수를 사랑하라."(눅6:27)는 말씀도 미움이라는 올가미에서 벗어나라는 말입니다. 그가 결코 원수가 아니라는 마음이 들어오는 날 그가 나의 구세주였습니다.

극과 극을 오가면서 수도 없이 두들겨 맞아야 탄생되는 명검(名劍)처럼 사람 역시 원수의 그늘에서 의인(義人)이 탄생하는 것… 원수를 원수 시 하는 이는 결코 자신을 구원할 수 없는 일이었습니다. 원수를 사랑할 수 있는 것은 원수가 변해서가 아니라 내가 변할 때만이 가능한 일… 그것이 바로 부모의 마음자리 아닙니까. 하늘이 그 많은 명사 중에 '아버지(父母)' 라는 명사를 가지신 이유입니다.

올가미에 걸린 짐승은 풀어줄 이가 따로 있지만 내게 걸린 올가미는 스스로 만든 올가미라서 내가 아니면 그 누구도 풀어줄 수 없는 것이었습니다.

역사의 길목을 지켰던 큰 어른들도 올가미에 대한 깨침을 주기 위함이었지만 그것이 또 다른 올가미가 되어버렸으니 치유를 위한 약이 또 다른 중독을 일으킨 형국입니다.

바람은 그 무엇도 붙잡지 않으니 그 무엇에게도 붙잡히지 않고, 하늘은 경계가 없으니 나는 자의 것입니다. 산은 남의 자리를 탐하지 않으니 억겁의 세월이 흘러도 그 자리에 있고, 강은 쉼 없이 흘러가지만 언제나 채워져 있습니다.

꽃 없이는 살 수 없는 벌 나비지만 결코 꽃에 신세지지 않고, 새는 나무에 둥지를 틀지만 나무를 해하지 않습니다.

아무리 거룩한 예배를 드린다 한들 자연에 비할 수 있겠습니까. 사람들은 애써 거룩한 형식을 만들려고 안간힘을 쓰지만 자연은 스스로(自) 그러했습니다.(然) 바람이 실어 나르는 자연의 소리가 찬송이었으며 형형색색 그 자체가 위대한 설교였습니다. 도대체 자연만 한 스승이 없으며 자연만 한 종교도 없는 셈입니다.

죽었지만 산자의 예배를 받았고, 졌지만 이긴 자의 예배를 받았으며, 모든 것을 버렸지만 가진 자의 예배를 받은 예수처럼 나 역시 올가미를 벗고 스스로를 예배할 수 있는 날이 와야 하지 않겠는지요,

"나의 올가미가 보입니까"

教를 버려야
道를 얻지

    무릇 종교(宗敎)란 근본적(宗)인 가르침(敎)으로 사람의 도리(道理)에 관한 것입니다. 천(天)과 지(地)의 중심이 사람이라는 것도 사람으로서의 도리에서 비롯되는 것이었습니다. 결국 무엇을 믿는다는 것은 교(敎)를 믿어서 도(道)를 이루어야 했는데 교(敎)만을 붙들고 있으니 지구인은커녕 교인(敎人) 이상으로 발전하지 못하는 것입니다.

    예수를 버려야 진정한 크리스천이 될 수 있고, 부처를 버려야 부처를 얻는 것 아닙니까. 꽃을 버려야 씨앗을 얻을 수 있고 씨앗을 버려야 새싹을 얻을 수 있는 이치와 다르지 않습니다. 예수와 석가가 종교인이 아니라 범 지구인이 된 것도 버릴 것을 버려서 된 이름이었습니다.

    사람들이 믿는 것은 '아마 그럴 것' 이라거나 '아마 있을 것' 이라는 상상을 믿는 것… 예컨대 신학(神學)이라는 것도 그런 것입니다. 아무도 본 이 없는 신을 가르치는 그 이는 신에 관하여 다 아는 사람입니까. 스스로도 알지 못하는 신(神)을 가르치다가 하나님과 정드는 길을 가로막는 우를 범했던 것입니다.

만고의 의인을 죽이는 것이 하나님의 뜻이라고 생각했던 랍비들의 무지신학(無知神學)은 오늘날까지 전승되고 있지 않습니까. 배움(敎)의 무력함과 무의미함입니다.

예수는 무슨 신학을 전공해서 하나님을 알았습니까. 아브라함이나 모세는 누구에게 배워서 하나님을 만났습니까.

하늘을 만났을법한 큰 어른들은 그 누구에게 배워서 만난 하늘이 아니었습니다. 스승이 없었으니 배움도 없었고, 당연히 안내자도 없는 스스로의 '이름(到達)'이었습니다. 배움으로 안 이는 스스로도 모르는 것을 믿는 것이라서 서로 간에 넘을 수 없는 담을 만들지만 스스로 안 이는 일상에서 하늘을 만났고 모두가 아는 일상어로 말했으니 담이 있을 리 없고 있던 담도 허물어지지 않습니까.

배워서 아는 부모가 아니라 성장해 가면서 스스로 알아지는 것처럼 하나님 역시 도(道)의 길을 가다보면 알아지는 것이었습니다. 교(敎)는 배울수록 하늘과 멀어질 수 있지만 도(道)는 종교와 상관없이도 하늘과 정드는 이유입니다.

영원과 무한이라는 언어는 이성(理性)의 범주를 넘어선 세계를 일컫는 것으로 신과 더불어 사랑을 이해하는 상징어 아닙니까. 하늘이 사람과 공히 나누어 가진 것이 사랑이라서 사랑을 이룬 이는 하나님과 동등한 격 위를 가질 수 있었기 때문에 그런 이를 신격화(神格化) 하는 것은 지당한 일이었습니다. 이것은 특정한 분들에게만 해당되는 것이 아니라 인간에 대한 보편 상으로써 누구나 그렇게 될 수 있다는 것이 믿음이어야 했습니다.

교(敎)라는 굴레는 도(道)를 기르고 보호하기 위한 것으로 씨앗을 보호하기 위한 껍질과 같은 것… 한시적인 형식이 신앙이 되어 나를 가둬두는 것이 종교의 오류였으니 결국 신과 나누어 가진 사랑을 이루는 날 자연스레 버려야할 형식이며 벗어야 할 굴레였습니다.

버리지 못하고 굴레에 갇혀있는 교인들이 사랑을 이루신 예수를 어찌 알아볼 수 있겠습니까. 같이 살면서도 알아보지 못한 제자들이었고 믿으면서도 알지 못하는 교인들이었습니다. 놓으면 죽을까봐 평생을 들고 살았던 밥숟갈을 놓는 그날이 죽음을 이기고 영생을 얻는 날이듯… 제가 생명 시 하는 그것을 버리고 놓아야 알아지는 것이었다는 말입니다.

"내가 붙잡고 있는 것이 무엇입니까?"
"내가 붙잡힌 것이 무엇입니까?"

소가
웃을 일입니다.

"소를 그리느니 용(龍)을 그리기가 더 쉽다"는 말이 있습니다. 용을 본 이 없으니 잘못 그렸다고 말할 수 없지만 소는 모르는 이 없으니 누가 봐도 잘 잘못을 판단할 수 있다는 말입니다.

사람들이 모르는 것을 말하는 것은 쉽지만 아는 것을 말하는 것은 심히 조심스러운 것입니다. 예컨대 종교인들이 즐겨 쓰는 언어들이 그러합니다. 아무도 가보지 못한 천국과 지옥을 말함이 그러하고 살아본 이 없는 이상세계를 말함이 또한 그러합니다.

삶의 일상은 전혀 그렇지 못하면서도 완전완미(完全完美)한 이상(理想)을 말하는 것을 보면 소를 그리는 것을 마다하고 아름다운 용을 그리려고 애쓰지 않습니까.

"사자들이 어린양과 뛰놀고 장난쳐도 물지 않는…" 그런 세상이 가능키나 하며 꼭 그래야 이상세계라고 할 수 있는 것입니까. 이것이 저것을 잡아먹는 약육강식(弱肉强食)이 아니라 위함의 질서라고 생각하면 안 되겠는지요.

예수가 성령잉태라서 성(聖)스러운 것입니까. 그렇다면 남녀관계에서 태어난 모든 인간은 추한 것입니까. 부부간의 사랑이 성(聖)스러운 것이라고 해야 자연의 질서에 부합되는 진리라고 할 수 있는 것 아닙니까. 자연의 질서에 순응하는 것이 믿음이며 진리입니다.

천(陽)지(陰)창조(창1;1)가 음양의 질서를 말함이라서 음양(陰陽)의 괘(卦)를 벗어남이 없는 우주이거늘 어찌 예수만이 예외일 수가 있습니까. 성령잉태라는 말은 괴변이라고 해야 옳은 말이 아닐는지요. 성령잉태 설을 믿는 것은 '부산이 낳은 인물' 이라는 말이나 '대한민국이 낳은 인물' 이라는 말을 그대로 믿는 것과도 같은 것… 부산과 대한민국이 자궁이 있습니까? 소를 버리고 용을 그리는 믿음입니다.

보이지 않는 신(神)에게 공손하지 않은 이 없으면서도 내 앞에 있는 이에게 공손하지 못한 것이나, 살아있는 부모와 다투던 이도 제사는 공손히 모시는 것과 같은 것이 신앙입니다. 같이 사는 이에게는 함부로 하면서 신(神)에게 더 공손한 것은 이웃집 남자나 이웃집 여자가 더 좋아 보이는 것과도 같은 유치한 믿음입니다.

주일날 예배당에서 한번 만났다 헤어지는(?) 하나님이기에 공손한 것은 아닌지요. 눈으로 보면서 날마다 같이 사는 신(神)이었다면 아마 하나님과도 다투지 않았겠습니까. 내 집에 함께 계실 것이라는 상상속의 하나님은 아닌지요. 그렇게 '믿는' 거지 '사는' 게 아니라는 말입니다. 함께 사는 사람이 그 하나님 앞에서 어찌 불효와 불화를 하겠는지요. 대부분 예배당에서 웅크리고 노려보는 하나님을 믿는 것입니다. 못보고 못 듣는 하나님이라서 그나마 다행이라는 생각은 해 보지 않았습니까.

이제 그리던 용을 접어두고 소를 그리는데 용기를 내어 봐야 되지 않겠습니까. 오지 않은 미래에 대한 이야기를 접어두고 지금 여기를 돌아봄이 어떨는지요. 보이지도 않는 신에게 엎드려 공손히 예를 표하던 그 모습 그대로 부모와 자식 그리고 내 아내와 남편에게 그렇게 함이 옳지 않겠습니까. 기실(其實) 그러기 위하여 신앙을 하는 것 아닙니까.

성현(聖賢)들은 용을 그린 것이 아니라 모르는 이 없는 소를 그렸기 때문에 누구에게나 다정한 분으로 다가 오시는데 반하여 종교는 소를 버리고 저마다 용을 그려놓고 상대방의 그림이 틀렸노라며 서로 간에 접근도 할 수 없는 울타리를 만들어 놓고 있으니 소가 웃을 일입니다.

이제 그리던 용을 내려놓고 소를 찾아 나서야 합니다. 살아 본 경험도 없는 세계를 논하지 말고 알면서도 살지 못하는 자신을 돌아볼 일입니다.

"나를 향한 소의 웃음소리가 들립니까?"

月印千江之心

모든 화선지의 바탕색이 하얗듯이 본래 마음의 바탕색은 다르지 않습니다. 악한(惡漢)을 보면 분노하고 선(善)한 이를 보면 반가워 하는 마음이 한 결이지 않습니까.

천(千)의 강(江)에 달그림자가 있지만 하나밖에 없는 달그림자(月印千江) 이듯이 사람의 마음은 본래 하늘로부터 내려온 것이라고 해서 자(子) 왈(日) 직심(直心)이라고 했습니다. 그 마음은 본연지심(本然之心)으로 흠과 티가 없는 마음이었지만 살아가면서 두 번째(亞) 마음(心)으로 인하여 악한(惡漢)이 된 것입니다.

잔잔한 물속의 달그림자는 그 모양이 하늘의 달과 다르지 않지만 출렁이는 물결로 인하여 일그러진 것은 물결 때문이듯이 악한(惡漢)이 된 것도 세파(世波)가 그렇게 만든 것입니다. 도(道)의 길을 가는 것은 월인천강지심(月印千江之心)을 찾기 위함으로, 하늘로부터 내려온 마음(直心)을 회복하기 위함 아닙니까.

달을 갖고 싶거든 그릇에 물을 준비하면 될 일… 하늘과 통하고 싶으면 하늘로부터 내려온 직심(直心), 즉 월인천강지심(月印千江之心)을 되찾으면 될 일입니다.

어떤 이가 세월호 참사를 슬퍼하며 정성을 드리다가 목련꽃이 일순간에 떨어지는 환상을 보았는데 얼마 후 미국 대통령이 백악관 뜰에 있는 목련을 단원고등학교에 기증하겠다는 기사를 봤답니다. 월인천강지심(月印千江之心)이지요. 미국 대통령이나 그 신앙자의 마음이 하늘에서 내려온 마음(直心) 아니겠는지요. 천(千)의 그릇에 달그림자가 같듯이 천심(天心)을 품은 사람끼리는 서로 횡적으로 통하게 되어있으니 그것을 민심(民心)이라고 하는 것입니다.

예수나 석가세존이 나와 다른 사람이 아니라 월인천강지심(月印千江之心)에 이르렀던 이들이라서 모든 이가 섬기는 것이며 나 역시 그 마음에 이르러 보겠다는 것 아닙니까.

자식이 성장해 간다는 것도 결국 부모의 마음에 이르기 위함이었고 부부가 산다는 것도 서로의 마음에 이르기 위함이듯이 신앙을 한다는 것 역시 하늘의 마음에 이르기 위함이었습니다. 사람에게 내려와 있는 하늘의 마음(直心)을 길러가다 보면 어느 날 하늘에 도달하겠지요.

"어린 아이와 같아야 천국을 간다."(마18:3)

예수의 말입니다.

어린 아이가 천국을 가는 것이 아니라 '어린아이와 같아야' 천국을 간다는 것은 어린 아이의 마음이 하늘에서 내려온 그 마음(直心) 이라는 것이며 천국을 보려면 어린 아이를 보라는 말이기도 합니다. 이 말을 달리 표현하면 어른 같아서는 천국을 갈 수 없다는 말이기도 합니다.

어른들은 선의식(先意識)으로 모든 것을 저울질 하는 마음이어서 출렁이는 물결속의 일그러진 달과 같은 마음이라면, 어린 아이는 경험이 없으니 선의식이 있을 리 없어서 보고 듣는 것에 대한 의심이 없습니다. 잔잔한 호수속의 달그림자와도 같은, 그야말로 월인천강지심(月印千江之心) 아니겠습니까.

어른인데도 어른 같지 않고 어린아이 같으려면 사랑으로 돌아가야 합니다. 불을 만나 녹지 않는 얼음이 없고 무쇠와 돌덩이도 겸손해 지는 것처럼 사랑이 아니면 본연지심으로 돌아 갈 길이 없기 때문입니다.

모든 것을 이해관계로 저울질 하던 사람도 사랑하는 이 앞에서는 겸손과 이타심(利他心)을 회복하는 것은 내 마음의 본질이 사랑이기 때문입니다. 결국 월인천강(月印千江)과 같은 직심(直心)을 되찾아야 한다는 말입니다.

인내천(人乃天)
사람이 하늘인 이유입니다.

너가
없는 나

"나를 위하여 모든 것을 버린 자는 여러 배를 받고 영생을
상속받으리라"(마19:29)

예수의 말입니다.

일반적으로 명분이라고 하면 '일'이나 '사건'에 대한 것을 생각하지만 큰 인물들은 '태어남에 대한 명분'에 더 집착을 했습니다. 자신의 탄생이 하늘의 뜻이라는 등식아래 많은 이의 희생을 요구했던 것이 인물님들의 외침이었지만 실은 그것이 왜곡된 신념이었던 경우가 허다했던 것도 사실입니다.

천지창조가 에덴에서 끝났다고 생각하는 것이 어쩌면 창조에 대한 왜곡된 시각이라는 생각은 해 보지 않았는지요. 우주가 쉼 없이 팽창하고 있는 것이나 태어나는 모든 것들이 과거에도 없었고 미래에도 없을

전무후무한 생명이었으니 창조는 영원한 현재진행형이지요. 하늘의 뜻이 아닌 탄생은 없다는 말입니다.

순간순간의 모든 창조가 하늘의 뜻이었는데 특정한 인물이나 시대 그리고 사건만을 가치 시 할 일은 아니었습니다. 하늘의 뜻을 올바로 깨친 이는 너도 나와 마찬가지로 태어남이 하늘의 뜻이었다는 깨우침을 줬어야 했습니다.

그렇다면 자신이 태어난 명분을 어디에서 찾아야 하는지요. 사람들은 자기 이외의 일이나 사람에게서 존재의 명분을 찾으려고 무엇인가를 맹신 하다가 정작 자신의 정체성을 놓치는 경우가 많습니다. 내가 처해 있는 '지금 여기'가 태어남의 명분이면서 내가 살아가는 존재의 의미라는 것을 간과해서는 안 됩니다.

과거와 무관한 지금이 없고 지금을 부정한 미래가 없습니다. 지금의 나를 통하여 과거를 경험하고 있지 않습니까. 지금이 '과거의 미래'이기도 하지만 '미래의 과거'로써 지금의 자기보다 소중한 순간이 없다는 말입니다.

마음은 목적지를 생각하고 시선은 저만치 두고 걷지만 정작 발은 지금 여기 발바닥 아래를 벗어날 수 없듯이 희망이라는 것 역시 지금 여기서 내 삶을 통하여 심어야 할 씨앗 아닙니까.

이상(理想)은 현실을 통하여 이루어지는 것으로 돌담을 하나하나 쌓아가는 것과 같은 것… 돌 하나를 놓지 않으면 담이 쌓아질 수 없는 것처럼 이상이라는 것도 그러한 것입니다. 이상세계가 이상인간과 이상가정을 통하여 건설된다는 것도 그러한 이치 아니겠습니까. 세계의 초석이 세계적인 것이 아니라 개인과 가정이었다는 말입니다.

만(萬)이 하나를 품고 있긴 하지만 하나가 모자라면 만이 이루어질 수 없다는 것도 잊어서는 안 될 일 아닙니까. 지금 여기를 버려두고 미래만을 이야기 하는 것은 무지개를 쫓는 강아지와 같은 신앙입니다.

천리(千里)길만 한걸음부터 시작되는 것이 아니라 영원도 순간으로부터 시작되고 무한도 하나의 점으로부터 시작되는 것처럼 나의 영원도 이 순간으로부터 시작되는 것이었습니다. 나의 영원이 궁금하거든 이 순간과 오늘 하루를 돌아보면 될 일입니다.

예수의 말씀도 지금의 나를 두고 한 말이었다는 것을 놓치는 순간 진리가 아닌 혹세무민(惑世誣民)의 함정이 될 수 있다는 것을 잊어서는 안 됩니다.

예수님이 이처럼 과감하게 말 할 수 있었던 것은 자신의 신념에 대한 확신이 있었기 때문입니다. 신념이 없는 사람은 부조리한 현실과 타협하며 비굴하게 살아가지만 신념이 분명한 사람은 시류에 맞 설 수 있는 과감함이 있습니다.

물론 여기에서의 「나」는 예수 자신을 지칭한 것이지만 그것이 말씀의 전부라고 착각하는 순간 진리는 왜곡되기 시작합니다. 예컨대 '예수-기독교-신앙'이라는 등식으로 제 교회를 위하여 충성하는 것만이 절대 선이라는 가르침이 곧 그것입니다. 만약에 신학에서 말하는 것이 예수 가르침의 전부라면 예수 역시 사이비교주에 불과한 필부(匹夫)일 수밖에 없습니다.

필부의 나는 '나(我)'가 나의 전부지만 예수의 나는 '나 아닌 것이 없는 나'로써 너와 나 이것과 저것의 경계가 없는 나 아닙니까. 부모에게 자식은 너 가 아닌 것처럼 너라는 개념이 없는 나가 진정한 나이기 때문에 너를 위한다는 말 자체가 존재할 수 없는 것이 나를 깨친 이라는 말입니다.

예수에게는 나가 인류와 세계였으니 자신도 나(세계와 인류)를 위하여 살고 나(세계와 인류)를 위하여 죽었던 것 아닙니까. 어디 예수만이겠습니까. 애국심으로 사는 이는 나와 국가가 둘이 아니기 때문에 나(나라와 민족) 앞에서는 나(我)가 없었던 것입니다. 그래서 진정으로 나를 위한 삶은 너를 위한 삶에서 비롯되기 때문에 나(我)를 이루고 싶거든 너(他)를 위하여 살라는 것입니다.

예수님의 궁극적인 가르침은 예수님 자신만을 위해서가 아니라 결국 각자 자기 자신을 위하여 버리고 희생하라는 것입니다. 자타(自他)의 경계를 넘어선 삶이 아니고서는 진정한 나를 찾을 수 없다는 말씀을 하려던 예수였는데 예수 우상을 만들어 놓은 것이 예수신앙이라는 것입니다.

"나와 너가 있습니까"
"진아(眞我)에 대한 무지입니다."

생명의 행위는 대신 자가 없습니다. 예컨대 대신 먹어 주거나 숨 쉴 수 없듯이 마음의 생명 역시 너 가 없는 삶을 통해서만이 진아(眞我)가 창조될 수 있다는 것을 가르치려던 예수였습니다.

몸은 먹어야 살지만 마음은 먹여야 살고 몸은 입어야 따뜻하지만 마음은 입혀야 따뜻해지는 것을 보면 '내 몸 같은 이웃'으로 사랑하고 '이웃 같은 내 몸'으로 나를 수행해야 하는 것이었습니다.

나 외에
다른 神

"너는 나 외에는 다른 신들을 네게 있게
말지니라."(출애굽기20:3)

　십계명 중 다른 계명들은 누구나 공감할 수 있는 것들인데 반하여 제
1계명은 어떤 종교와도 타협을 할 수 없는 계명으로 해석 되어서 기독
교가 가장 배타적인 종교가 된 것입니다.

　사람들은 "하늘로부터…" 라는 말에 자신의 이성을 쉽사리 포기하는
경향이 있지만 실은 인간의 의지가 개입되지 않은 계시가 있습니까. 십
계명 역시 하나님의 계시가 아니라 하더라도 이스라엘 민족에 대한 통
치철학이 필요 하던 차였습니다.

　400여 년 동안 몸에 스며있는 노예근성을 털어 버리고 민족의 정체
성을 되찾는 것보다 더 시급한 것이 없었던 차에 출현한 계명으로써 이
것은 예수나 기독교 이외의 것들을 염두에 둔 것이 아니라 당시 필요에

의해서 주어진 계명이었다는 말입니다.

'나 외에 다른 종교'나 '예수 외에 다른 성인'이 아니라는 말입니다. 물론 여기에서의 '나'는 하나님일 수 있지만 이것마저도 항구적인 계명이라고 할 수 없습니다.

대부분의 사람들은 같은 종교에 몸담고 있는 것만으로 같은 신을 믿고 있다고 생각하지만 과연 그렇습니까. 정형화 된 신(神)의 형상이라도 있으면 같은 신을 믿는다고 할 수 있겠지만, 그 누구도 본 적이 없으니 각자 제 마음속에 신의 형상을 그려놓고 믿는 그것을 과연 같은 신이라고 말할 수 있는지요.

호랑이를 본 적이 없는 100명의 장님이 같은 그림을 그릴 수 없는 것처럼 신에 대한 이미지 역시 그러합니다. 한 공간에서 같은 의식에 참여하는 것으로 같은 신을 믿고 있다는 착각을 믿음이라고 생각하는 것입니다.

하나님께서 인간을 창조할 때 창조주와 피조물이라는 종속적인 관계로 창조한 것이 아니라 부자지간이라는 일체의 관계로 지었을 것이라는 생각에서부터 믿음이 시작됩니다. 인간이 갖추어야 할 위상은 또 하나의 피조물이 아니라 신성(神性)을 갖춘 인간으로 성장해 가야 한다는 말이며 그러기 위하여 수행을 하는 것 아닙니까.

에덴의 사람들이 이루었어야 했던 것은 스스로를 신성시 할 수 있는 자기완성이었다는 것이 창조원리의 결론이었고 그것이 인간을 창조하신 목적이기도 했다는 말입니다. 신이 인간을 완전케 하는 것이 아니라 인간으로 말미암아 신의 창조가 완성되는 것이 창조의 질서였습니다.

기초과학과 응용과학을 통하여 필요에 따라 도구를 창조하는 외적인 창조성과, 스스로의 수행을 통하여 자아를 이룰 때 신의 내적인 창조가 완성되는 것이며 그러한 경지가 "하나님이 내 안에 내가 하나님 안에…"(요14:20)의 경지였다는 것입니다.

나를 이루어 가는 과정에는 누군가의 도움을 필요로 하지만 나를 이루면 나 이외의 것에 의지 하거나 믿는 것이 아니라 스스로에 대한 확신으로 살아가는 것이며 그것이 곧 신의 뜻과 일치하는 자연스러운 삶이기도 한 것입니다.

나(我)를 이루지 못한 자는 '나(하나님)'만 믿어야 하지만 나(我)를 이루신 이는 '나(我)' 이외의 것에 의지해야 할 필요성을 느끼지 못하는 것입니다.

인간을 향한 하나님의 가장 큰 소망이 하나님을 잘 믿는 것이라고 생각하세요. 그렇게 생각하는 것은 출 애굽의 신앙에서 벗어나지 못한 유치한 믿음입니다. 성숙해지면 "나(하나님)를 믿지 말고 나(我)를 믿어라"는 것이 인간을 향한 하나님의 부탁이며, 나아가 "내(하나님)가 너(인간)를 믿는다."는 것이 성숙한 시대의 성숙한 계명입니다. 예수도 하나님을 믿었겠지만 하나님 역시 예수를 신앙했을 것이라는 생각은 해보지 않았는지요.

그러한 경지가 되면 나(我) 외에 다른 신(神), 예컨대 하나님이나 예수 혹은 부처와 같은 것마저도 우상이며 다른 신이 되는 것입니다. 이것이 바로 하나님이 바라시는 인간상이라는 말입니다. 하나님이나 예수 또는 부처가 가장 하고 싶은 마지막 말씀이 '제발 나 믿지 마라' 라는 것 아니겠습니까.

밥을 먹는 것은 밥을 잘 먹기 위하여 먹지만 약을 잘 먹기 위하여 약을 먹는 이는 없습니다. 약을 끊기 위해서 약을 먹고, 졸업을 하기 위하여 입학을 하며, 거두기 위하여 심는 것처럼 그 무엇인가를 믿는 것은 그것으로부터 해방되기 위하여 믿는 것이기 때문에 종교가 추구하는 궁극의 세계는 종교가 없는 세계였다는 것입니다.

나(我)를 믿고 있습니까.

나(我) 외에 다른 신(하나님 예수 부처) 을 믿고 있습니까.

'더 이상 나를 믿지 말라'는 하늘의 음성은 언제쯤 들을 수 있을 것 같습니까.

그런 소망을 가지고 있기는 한 건지요.

萬 顧 草 廬

장비(張飛):

"한낱 촌뜨기 때문에 형님께서 꼭 가셔야 할 일이 무에 있습니까? 사람을 시켜 빨리 오라고 하십시오."

유비(劉備)는 장비(張飛)를 꾸짖었다.

"너는 맹자께서 하신 말씀도 듣지 못하였느냐?

맹자께서는 어진 이를 보려 하면서 바른길로 가지 않음은 안으로 들어가려 하면서 문을 닫는 것이나 다름없다 하셨다."

"공명은 당세의 으뜸가는 대현(大賢)이다. 그런데도 찾아가서 보지 않고 어찌 감히 불러들일 수 있단 말이냐."

이번에도 유비는 관우와 장비를 대동하고 한겨울 삭풍을 맞으면서 공명을 찾아갔다.

그러나 초려(草廬)에 공명은 없고 제갈 균 만 있었다.

아쉬운 마음에 유비는 글을 남기고 다음에 다시 올 것을 기약하였다.

"비(備)는 오랫동안 선생의 높은 이름을 사모해 왔습니다. 그러나 두 번에 걸쳐 찾아와도 만나 뵙지 못하고 그대로 돌아가게 되니 쓸쓸한 마음 비할 데가 없습니다. 비(備)는 부끄럽게도 한실(漢室)의 후예로 외람되이 분에 넘친 이름과 벼슬을 얻고 있으나 돌아보면 조정은 아래로부터 업신여김을 당하고 있으며, 기강이 꺾이고 무너져 내린 채입니다. 바라건대 선생께서는 창생을 생각하는 너그러움과 나라를 향한 충의로 강태공과 장자방(장량)의 큰 책략을 펴시어 비(備)를 도와주십시오. 그렇게 되면 천하를 위해서는 물론 사직을 위해서도 그보다 더 큰 다행이 없겠습니다. 먼저 글로 이렇게 제 뜻을 펴 보이거니와 특히 존안을 뵙는 일은 다음 날 목욕재계하고 다시 찾아와 뵙는 날로 미루겠습니다. 머리 숙여 간절히 바라건대 이 뜻을 거듭 살펴 주십시오."

유비가 공명을 얻기 위하여 삼고초려(三顧草廬)를 하는 내용입니다.

사람들이 공명의 행색만으로 초려(草廬)의 서생(書生)으로 알고 있을 때 유비(劉備)는 그의 사람됨을 알아보았습니다.

삼고초려(三顧草廬)는 유비(劉備)와 같이 마음의 실력을 가진 자 만이 할 수 있는 일… 자리보전에 연연한 지도자는 할 수 없는 일입니다. 그러한 류의 사람들은 조직을 위한 자기가 아니라 자신의 영달을 위하여 조직을 이용하려는 마음 때문에 인재를 등용하기보다 자신의 수족을 등용하는 것입니다.

큰 그릇은 작은 그릇을 담을 수 있지만 작은 그릇은 큰 그릇을 담을 수 없듯이 사람 역시 그러합니다. 마음의 능력이 그 사람의 그릇이라서 그릇이 큰 이는 대의(大義)를 위하여 필요한 사람을 쓰지만 그릇이 작은이는 자신에게 충성할 주막강아지 만으로 족합니다.

대의(大義)에 사무치면 "창생과 나라 사직과 백성"이 명분이지만 소의(小義)에 집착하는 이는 "한낱 촌뜨기 때문에 형님께서 꼭 가셔야 할 일이 무에 있습니까? 사람을 시켜 빨리 오라고 하십시오." 하고 제 체면과 자존심만을 내세웁니다.

어느 단체든 삼고초려를 할 수 있는 도량을 갖춘 사람이 수장(首將)이 되면 얼마나 좋겠습니까만 그런 지도자를 쉬 볼 수 있는 것은 아닙니다.

마음의 능력이라고 하면 부모만한 이가 또 있겠습니까. 타인지간에는 잘난 이 때문에 열등감을 느낄 수도 있지만 잘난 자식은 오히려 내세워 자랑하고픈 것이 부모의 마음인 것은 자식을 향한 사랑의 능력 때문입니다. 자식을 위해서라면 삼고초려(三顧草廬)가 아니라 만고초려(萬顧草廬)인들 못하겠습니까.

버림받은 노모가 자신의 신분이 밝혀지면 자식이 다칠까봐 끝내 신분을 감추려고 했던 사건이 기사화 되었던 적이 있었습니다. 버림받은 자신의 신세보다 자식을 생각하는 마음이 더 크다는 것은 이미 에덴에서 보지 않았는지요.

만고초려(萬顧草廬)!!!!

그것은 인간을 향한 하나님의 마음이었습니다. 지금 이 순간에도 세상을 여셨던 그때의 마음으로 모든 이들의 마음의 문전에서 만고초려(萬顧草廬)를 하고 계실 하늘이 아니겠는지요. 예나 지금이나 하늘은 기다림의 대명사라고 해도 지나침이 없을 것 같습니다.

잘 ~

유년기의 '잘'은 누군가와 비교한 '잘'이 아니었습니다. 예컨대 잘 자고 잘 먹고 잘 걷고 잘 노는 것들이 생명과 관계된 것으로 다른 이와 비교해서 하는 말이 아니었는데 무엇인가를 배워가는 순간부터 모든 이와 비교되는 말이 된 것입니다.

생명을 위한 행위는 다른 이를 의식할 필요가 없는 자기만의 행위 아닙니까. 다른 이 보다 숨을 더 잘 쉴 필요가 없고 잠을 더 잘 잘 필요도 없습니다. 그냥 내 몸이 원하는 대로 하면 되듯이 마음의 생명을 위한 행위도 숨을 쉬듯이 하면 되는 것입니다.

사람들이 기도를 어렵게 생각하는 것은 기도를 잘하려고 하기 때문입니다. 예컨대 남을 의식 하거나 듣는 이들을 가르치겠다는 생각이 들어가는 순간 기도가 어려워지는 것입니다. 기도는 마음의 호흡과도 같은 것… 숨을 쉬듯 하면 되는 것 아닙니까. 기도는 하늘과의 속삭임이면서 결국 자기 자신과의 대화입니다. 타인을 의식하는 순간 옷과 화장이 신경 쓰이듯이 보여주기 위한 신앙 역시 그러한 것입니다. 생명 행위를 하면서 남을 의식하는 것은 위선입니다.

일을 '잘 한다'는 것은 다른 이와 비교될 수도 있지만 '잘 산다'는 것은 생명에 관한 것으로 그 누구와 비교할 수 없는 절대평가여야 합니다.

일반적으로 '잘 산다'는 말은 '잘 해놓고 산다.'는 말로써, 언어생활의 혼돈에서 비롯된 말입니다. 잘 산다는 '잘'의 의미는 '사람의 도리를 잘 하고 산다'는 것으로 나를 삶의 주체 시 하는 것이라면, 잘 해놓고 산다는 것은 나보다 환경을 주체 시 하는 것으로 누리고 사는 조건으로 그 사람을 평가하는 것입니다.

아무리 잘 해 놓고 살아도 사람의 도리를 저버리는 순간 잘 못 사는 것이요, 비록 부족함이 있어도 사람의 도리를 하고 사는 것이 잘 사는 것이라서 큰 어른들을 우러러 신앙 하는 것 아닙니까.

잘 해놓고 사는 부자를 부러워하기는 해도 그들을 숭배하는 이 없고, 힘든 생애를 살았지만 사람의 도리를 하고 살았던 어른들을 숭배하는 것을 보면 분명 어떻게 사는 것이 잘 사는 것이라는 것을 모르는 이가 없다는 말 아닙니까.

물건이나 환경은 이것과 저것을 비교해서 귀천을 규정할 수 있지만 사람은 그 자체가 절대적이라서 귀천으로 규정할 수 없습니다.

하늘을 절대시해야 하는 것이 사람만의 몫이라고 생각하지만 실은 하늘도 사람을 절대시 한다는 생각은 해 보지 않았는지요. 아장걸음을 하는 아이와 보폭을 맞추고 옹아리를 하는 아이에게는 옹아리로 답변 하는 어미의 마음처럼 전지전능(全知全能)하신 하나님께 쉬 다가갈 수 있는 용기를 가질 수 있는 것도 무지무능(無知無能)한 인간과 눈높이를 맞추시려는 사랑 때문 아닙니까? 그분을 부모로 여기는 이유입니다.

우리와 같은 사람이면서 신앙의 대상이 된 분들도 하늘만을 절대시한 것이 아니라 사람을 하늘같이 여겨서 신앙의 대상이 된 것 아닙니까. 잘 살아서 얻은 이름이지 잘 해놓고 살아서 얻은 이름이 아니라는 말입니다.

사랑은 눈높이를 맞추는 것… 자~알 산다는 것은 저 위에서 내려다보거나 저 위를 쳐다보는 것이 아니라 너와 내가 눈높이를 맞춰가며 사는 것이 아닐는지요.

모음과
놓음

'몸'이라는 말은 '모움'에서 비롯된 말로써, 기 액 고(氣液固)가 모여서 된 것이라 끊임 없이 모움을 반복하지 않으면 생명을 유지할 수 없고, 모움이 끝나는 순간 산산이 흩어져 흔적도 남기지 않는데 비하여 마음은 '놓음'이 그 본질이라서 끊임 없이 놓고 비우는 삶이어야 마음을 얻습니다.

생명의 본질이 몸이 아니라 마음이라는 사실을 알았던 이들은 내 것이라는 소유의식이 없었고, 종국에는 모움으로 존재를 지탱했던 몸마저도 놓아서 모든 이의 마음속에 영생하는 것입니다. 몸은 죽어야 놓지만 살아있으면서도 끊임 없이 놓고 비우는 삶이어야 얻어지는 것이 마음이기 때문에 비움을 배우는 것이 인생입니다.

몸으로 사는 이는 평생을 모우고 사느라 마음을 놓쳤으니 죽음 그 자체가 망(亡)이며 결(訣)이지만, 사랑으로 산 이는 모두에게 사랑으로 마음의 씨를 심었으니 죽어서 더 크게 살아난 것입니다.

흡(吸) 한 만큼 호(呼)를 해야 하고 먹은 만큼 배설도 해야 하듯이 마음 역시 주고받는 사랑을 통하여 그 에너지를 얻지 않습니까. 생명의 회로가 끊어짐이 죽음이듯 사랑의 회로가 끊어진 것 역시 마음의 죽음이라서 "살았다는 이름은 가졌으나 죽은 자"(계3:1)라고 질타하신 것입니다.

> "나를 믿는 자는 죽어도 살겠고 살아서 나를 믿는 자는
> 영원히 죽지 아니하리니…"(요11장)

이 말씀은 "나를 믿는 자는 생명의 눈을 뜨겠고 눈 뜬 삶을 산 자는 영원한 생명을 얻을 것" 이라는 말 아닙니까. 마음의 생명을 말함이지 몸의 생명을 말함이 아니었습니다.

눈이 녹으면 물이 된다는 것만 아는 아이가 눈이 녹으면 봄이 온다는 시적인 표현을 이해하지 못하는 것처럼 마음의 눈을 뜨지 못한 이들이 송장환생과 같은 맹꽁이 신학을 만들어 놓고 믿는 것입니다. 미신(迷信)을 혐오하는 기독교가 미신신학을 믿는 이유입니다.

천수를 다하고 살아도 죽음과 더불어 잊혀지는 삶이 아니라 비록 요절을 했지만 민족의 마음속에 살아있는 유관순과 같은 삶이 영생이라는 것을 가르쳐 주려던 예수였다는 말입니다.

몸으로 사는 이는 너와 내가 타인이기 때문에 그가 내 속에 없고 내가 그의 속에 없으니 죽음으로 영결(永訣)을 하지만, 마음으로 사는 이는 위하여 살았으니 서로의 마음속에 영생(永生)을 하는 것 아닙니까. 영결식(永訣式)이 영생식(永生式)이 되어야 하는 이유입니다. 예수와 석가의 영생이 그러하고 나를 넘어 '너와 우리'를 위하여 살다 간 이들의 영생이 모두 그러합니다.

마음을
훔치는 도둑

"하나님이 그들에게 복을 주시어… 생육하고 번성하여…땅을 정복하고 …다스리라 하시니라."(창1:28)

인간을 향한 하늘의 축복입니다.

이것이 진정 하늘의 말씀이라고만 할 수 있습니까. 그렇게 되고 싶은 인간의 욕망에 대한 표현이라는 생각은 해 보지 않았습니까. 창세기의 기자 역시 '정복과 다스림'에 대한 자신의 욕망을 하늘의 뜻으로 빙자했을 수도 있다는 생각은 해 보지 않았는지요.

작은 사기는 '윗분의 뜻'을 빙자 하지만 큰 도둑은 '하늘의 뜻'을 빙자했던 것이 역사의 경험입니다. 나라를 훔친 통치자들이나 그릇된 종교의 역사가 '하늘의 뜻' 아닌 적이 있었습니까. 예언서나 계시와 같은 것으로 정복과 통치를 정당화 해 왔던 것이 큰 도둑들의 생리였습니다. 성전(聖戰)이라고 포장한 전쟁들이 그러하고 하나님의 뜻이라고 외쳐대는 메시지의 대부분이 그러합니다. 기실(其實) 그 속내를 들여다보면 대중을 속여서라도 자신의 지배욕을 채우기 위한 것이거나 제 종교의 잇속을 채우기 위한 이기심의 발로일 가능성이 많습니다. 마음을 훔치는 가장 효율적인 방법이 '하늘의 뜻'이라는 명분이었다는 말입니다.

창세기 기자가 득도를 했거나 보다 더 양심적이었더라면 우주가 "정복과 지배"의 대상이 아니라 "우주의 일부로써 오직 우주 앞에 겸손하고 서로 사랑 하라 하셨다"고 했을 법 하지 않습니까.

태양이 저 멀리 있으면서도 언제나 따사로운 빛으로 내 피부에 다가와 있는 것처럼 하늘이 하늘에 있는 것이 아니라 땅에 내려와 땅을 품고 있는 하늘 아닙니까. 하늘의 뜻이 하늘을 위한 뜻이 아니라 인간을 위한 뜻이기 때문에 하늘의 뜻을 깨친 이는 모두를 위하여 자신을 희생하며 살았습니다.

성인은 사람과 우주를 사랑한 이였다면 그 성인을 추종하는 종교는 세상을 정복하고 지배하기 위한 집단으로 변질 되었다고 해도 별 무리가 없을 듯합니다.

경(經)이나 종교가 허한 마음을 채워줄 수도 있지만 대중의 마음을 훔쳐서 집단의식의 구조 속에 매몰시켜버리는 흉기가 될 수도 있다는 사실을 역사를 통하여 보지 않았습니까. 성(聖)과 경(經)은 좋아도 종교는 싫다는 이유입니다.

이스라엘의 선민우월주의가 그렇고, 제 종교 이외에는 길이 아니라는 극단적 폐쇄성이 집단의식의 폐해 아닙니까.

우주의 역사를 24시간으로 본다면 인간은 23시 59분 59.9999999...
..........초에 출현했을 뿐인데 그러한 인간이 우주의 주인노릇을 한답시고 자연을 제 마음대로 해도 된다고 생각하는 것이 참으로 몰염치 하다

는 생각은 해 보지 않았는지요. 주인의식은 갖되 주인노릇을 하려고 해서는 안 될 일이었습니다.

접근하면 할수록 '아름다움과 경이로움'이 자연과 우주의 상징어인 데 반하여 인간은 '정복과 지배'가 상징어가 되어서 도덕적으로 보면 박테리아보다도 더 부끄러운 이름이 되었습니다.

지배와 정복은 타인의 희생을 강요하지만 사랑은 그를 위한 끝없는 헌신과 희생을 말하는 것으로 이것은 자연이 순환하는 원리이기도 합니다. 사랑이라는 말은 없지만 사랑의 토대를 한 치도 벗어나지 않기 때문에 자연은 그 존재의 틀이 유지되고 있는데 반하여, 인간은 사랑을 입에 달고 살면서도 사랑의 토대마저 잃어버렸기 때문에 가장 최후에 출현했으면서도 가장 최초로 멸망을 걱정해야 하는 열등한 종(種)이 되었습니다.

그럴듯한 명분으로 존재의 틀을 깨는 훼방꾼이 인간이라는 생각은 해 보지 않았는지요. 그 말은 인간만 없으면 깨끗하고 평화로운 우주가 될 것이라는 말입니다. 자연은 스스로를 오염시키거나 질서를 파괴하는 법이 없습니다.

자신의 분수를 져버린 인간으로 하여금 원상복귀를 돕는 것이 경(經)이기도 하지만 이것이 자칫 마음을 훔치는 도구가 될 수도 있다는 것을 경계하지 않으면 안 된다는 것을 봐 온 역사였으며 이것은 과거완료형이 아니라 현재 진행형이기도 합니다.

지금 마음을 훔치는데 일조를 하고 있습니까.

아니면 마음을 찾아가고 있습니까.

스스로를 성찰해야 하겠습니다.

조건 없는
행복

"스님 진지는 드셨습니까?"

"아직 먹지 못했습니다."

"금방 공양을 지어 올리겠습니다."

"반찬은 가지고 왔으니 밥만 한 숟갈 주시면 되겠습니다."

"스님 반찬은 어디에 있습니까."

"시장을 가지고 왔습니다."

길 가던 걸승(乞僧)이 날이 저물어 어느 암자에 의지하며 주고받은 선문답이랍니다.

사람들은 "비싼 것=좋은 것" 이라는 등식으로 그것을 쫓아 가지만 호사(好事)라는 것은 생각 속에 있는 것… 마음을 이룬 이에게는 더 이상의 반찬이 필요 없는 '시장이 반찬'이었고, 걸친 장삼으로 족했으며, 한 몸 뉘일 수 있는 공간이면 거기가 궁궐이었습니다.

걸승의 법문을 두고 더 무슨 호사를 구하십니까. 보이는 호사로는 자신의 처지(處地)를 초월할 수 없지만 마음이 호사로우면 처지가 초월됩니다. 배불러서 맛있는 것이 없고 배고파서 맛없는 것이 없으며, 불만으로 가득 차 있던 처지(處地)도 잠들어서 편안하지 않은 자리가 없으니 진수성찬이나 궁궐이 따로 이 없다는 말입니다.

자식이 예뻐서 예쁜 것이 아니라 조건 없이 예쁜 것처럼 조건 때문에 행복한 것이 아니라 '조건 없는 행복'이 나를 행복하게 한다는 사실을 깨쳐야 합니다. 그리고 보면 내가 나를 괴롭히는 것… 결코 그 누구나 그 무엇이 나를 괴롭히는 것이 아닙니다. 나를 방해하는 적도 내 안에 있고 나를 협조하는 동반자도 내 자신일 수밖에 없으니 어차피 인생은 고독한 홀로 길입니다.

갖춰진 조건만을 찾아 뿌리를 내리는 것이 아니라 척박한 환경에 적응 하면서 스스로 조건을 만들어가는 생명들처럼 내가 살아가는 것도 그것과 다르지 않습니다.

올 때 같이 오지 않았고 갈 때 같이 가 주는 이 없는 것처럼 살아가는 것 역시 내 것은 내가 추스르고 가야하는 고독한 길이라서 "네 십자가를 지고 나를 따르라"(마16:24)고 하신 것입니다.

사람들은 예수에게서 자신의 십자가를 벗을 것이라는 믿음을 갖지만 그 누군가에게 의지하는 것은 내 감정을 의지하는 것… 내가 지고 있는 짐을 맡기자는 것이 아닙니다.

사람들은 제가 지고 있는 십자가의 무게를 가장 크게 느낀 나머지 그 십자가로부터 해방받기를 원하지만 실은 그 짐이 무거운 것이 아니라 그것을 느끼는 내 감정의 십자가가 더 큰 것 아닙니까.

한마디의 말로도 나를 짓누르고 있던 짐으로부터 해방을 받게 되는 경우를 보면 나를 힘들게 하는 것은 마음이지 짐이 아닙니다. 산이 높은 것이 아니라 그것을 넘어야 한다는 압박감을 안고 쳐다보는 내 감정의 고개가 더 높아서 산이 높아 보일 뿐입니다.

지금의 반찬에다 '시장'이라는 반찬을 더하는 순간 그 밥상이 진수성찬이 되는 것처럼 조건 때문에 행복한 것은 또 다른 조건이 나를 힘들게 하지만 조건 없이 행복할 수 있는 마음이라면 행복하지 않은 조건이 없을 것입니다.

萬人之下
萬人之上

"온 천하를 얻고도 네 목숨을 잃으면 무슨 소용이 있겠느냐"(마16:26)
예수의 말입니다.

천하에 몰두할 것이 아니라 자신에게 몰두해야 한다는 말입니다. 천하보다 목숨이 중하다 해서 어찌 죽어 없어지는 목숨이겠습니까. 예수의 목숨은 '뜻을 향한 신념'이었던 것처럼 누구나 본성에 바탕을 둔 자신의 신념이 천하보다도 더 귀하다는 말입니다.

예수는 천하를 얻으려고 산 것이 아니라 자신이 옳다고 생각하는 신념을 이루기 위한 길이었기 때문에 사지에서도 목숨을 구걸하지 않았습니다. 목숨을 담보로 지킨 신념이었기에 그의 정신을 내 신념화하기 위하여 순교도 마다하지 않았던 것입니다. 아름다운 이름을 남기고 간 이들의 삶이 모두 그러합니다.

대부분의 사람들은 죽음을 두려워하며 순간을 위하여 영원을 포기

하는 삶이었다면 의로운 이들은 순간을 버려서 영원을 얻기 위한 삶이었기 때문에 역사의 흔적을 남긴 것입니다.

한 시대를 풍미하던 호걸들도 천하를 다스렸노라고 허세를 부렸지만 그것은 착각이었을 뿐 그도 역시 천하를 숭배하며 살았던 필부였습니다. 수많은 이들이 머리를 조아린 것은 그가 아니라 그가 가진 권력이었습니다.

대 선사들은 천하를 다스리기 위하여 도(道)의 길을 간 것이 아니라 자신을 다스리기 위한 길이었기 때문에 나를 이루는 날 천하가 그에게 머리를 조아린 것입니다. 예수의 천하가 그렇고 석가의 천하가 그러합니다.

만인을 섬겨서 만인지상(萬人之上)이 되었을 뿐 그렇다고 일인지하(一人之下)에 오른 것은 더욱이 아닙니다. 부모가 웃어른 인 것은 분명하지만 그렇다고 자식위에 있는 것이 아님과 같습니다. 반면에 생전에 일인지하(一人之下)는 이루었지만 그렇다고 만인지상(萬人之上)이 된 것도 아니었으니 호걸들의 영화가 허상이었다는 말입니다.

물이 내려갈수록 큰물이 되고 올라갈수록 작은 물이 되는 것이나, 산이 내려갈수록 그 자락이 넓어지고 올라갈수록 좁아지는 것처럼 인간역시 만인지하(萬人之下)가 되지 않고서는 만인지상(萬人之上)이 될 수 없다는 것을 보여 준 예수였습니다.

만인지상(萬人之上)이 되고 싶은지요. 그렇다면 만인지하(萬人之下)의 도(道)를 통과해야 합니다. 그러지 않고 만인지상(萬人之上)의 영화를 꿈꾸는 것은 만인의 피와 땀을 도둑 질 하는 만행의 시작입니다.

영원히 빛을 볼 수 없는 뿌리가 아니면 빛을 독점하는 꽃과 열매를 얼을 수 없듯이 지하(之下)를 통하지 않고서는 지상(之上)이 될 수 없는 것이 우주의 진리였습니다.

상(上)을 뒤집으면 하(下)가 되고 하(下)를 뒤집으면 상(上)이 되는 것도 문자의 상형(象形)을 통하여 우주의 진리를 말한 것 아니겠습니까.

알고 보니 살이 떨리게 하는 진리도 언제 어디에서나 보고 듣는 일상이었다는 것을 일러주려는 것이 경(經)과 성(聖)이었습니다.

시작을 위한
죽음

"저 사람은 저렇게 죽으려고 왔습니까."

"아니 저렇게 시작하려고 왔지…"

예수의 죽음을 두고 벤허에 나오는 대사입니다.

죽음이 생의 끝이라고 생각하는 것이 일상이지만 예수의 경우 죽음
이 예수 역사의 시작이었습니다. 어디 예수뿐이겠습니까. 의로움으로
삶을 채운 이들이 모두 그러합니다.

씨앗을 심는 것만이 시작이 아니라 열매가 떨어지는 것 역시 더 큰
시작이듯이 인생사라는 것도 그런 것 아니겠습니까. 탄생을 설레어 하
는 것은 시작이라는 생각에서 비롯되는 마음이라면 죽음을 슬퍼하는
것은 생의 벼랑 끝이라는 생각에서 비롯되는 마음일 텐데 어찌 생명의
끝이 존재하겠습니까.

사람이 죽는다 함은 수평선 너머로 배가 사라지는 것과 같고 서산너

머로 해가 지는 것과 같은 것⋯ 여기서 지는 해가 저기서는 뜨는 해 아닙니까. 모든 것이 끝도 아니요 없어짐도 아니었습니다. 다만 내 시야에서 한 순간 멀어졌을 뿐입니다.

자연은 언제나 넘치지 않는 겸손만 있을 뿐 교만이나 만용과 같은 것은 인간에게만 있는 것⋯ 죽음이라는 중간정산을 하게 한 것은 겸손을 위한 화두를 주신 것이라고 봐야 하지 않겠습니까. 죽음의 자리에서 겸손하지 않은 이 없는 것을 보면 좀 더 일찍이 겸손했더라면 얼마나 좋을 뻔했습니까.

겸손을 잃어버리는 것은 스스로가 잘났다는 생각 때문으로, 태양이 높이 떠 있다는 착각과도 같은 것⋯ 태양은 높이 떠 있는 것이 아니라 더 넓게 비추기 위하여 멀리 있는 것이며, 바다가 물을 소유한 것이 아니라 생명을 위한 터전인 것처럼, 높은 지위나 많이 가진 것도 내 것이 아니라 많은 이를 위하여 더 큰 책임을 느끼고 살라는 것으로 결코 사람위에 있는 것이 아니었습니다. 뒷동산은 높낮이가 있지만 우주공간은 높낮이가 없는 이치와 같은 것입니다.

인간이 철이 든다는 것은 열매가 익어가는 것과 같은 것으로, 익으면 스스로 숙이거나 나무에 연연하지 않듯이 철이 들면 스스로 지거나 내려놓지 않습니까. 철부지는 부모를 이기지만 철이 들면 부모의 마음을 살피고, 마주 달리는 기차와 같이 살던 부부도 철이 들어가면서 멈출 때를 아는 것처럼 인간으로서의 철이 들면 스스로 겸손을 알아가는 것입니다.

삶의 모든 순간이 또 다른 시작을 위한 준비이듯이 죽음 또한 영원한 삶의 시작이라서 의(義)와 겸손으로 삶을 채워야 하는 것이었습니다.

이제 그렇게 "죽음을 위한 생"으로 삶을 끝내려 하십니까. 아니면 예수처럼 죽음으로 또 다른 시작을 하시렵니까. 삶을 의와 겸손으로 채운 자 만이 예수처럼 "시작을 위한 죽음"을 맞이할 수 있다는 생각이 나를 겸손하게 할 것입니다.

지혜롭다는 것

그만 먹어도 될 만한 사람이 식탐은 더하고, 그만 벌어도 될 만한 사람이나 더 오르지 않아도 될 만한 사람이 더 허기져 합니다. 운동을 필요로 하는 사람일수록 게을리 하고, 들어야 할 사람일수록 듣기를 싫어합니다. 설교를 하는 사람일수록 설교를 들어야 할 사람이며, 종교를 싫어하는 사람일수록 진리가 필요한 사람입니다.

실은 지금 하기 싫은 그것이 내가 해야 할 일이고 지금 내가 하고 싶은 그것이 내가 절제해야 할 일일 경우가 많지 않습니까.

좋은 것은 지금 내게 필요한 것을 말함이고 나쁜 것은 필요 이상의 것까지 탐하는 것을 일컫는 말입니다. 지혜로움은 내가 필요로 하는 것이 무엇인가에 대한 깨달음에 이르렀다는 말이라면 어리석음은 필요 이상의 것에 대한 집착을 버리지 못함을 이르는 말이기도 합니다.

잘 산다는 것은 '하고 싶은 일'만 하고 사는 것이 아니라 '해야 할 일'을 하면서 사는 것이며, 갖고 싶은 것을 다 누리고 사는 것이 아니라 필요 이상의 것에 대한 욕망을 절제하며 사는 것을 의미합니다.

사람이 추하다는 것은 필요 이상의 것에 대한 탐욕 아니겠습니까. 자연은 하늘이 심어놓으신 창조원리의 자율성과 주관성으로 스스로를 간섭하면서 존재의 쾌를 지켜갑니다. 사람이 자연에 배워야 할 이유입니다.

먹고 싶은 것을 다 먹고 갖고 싶은 것을 다 가졌는데도 갈증이 더하는 것은 그것이 나를 만족시켜줄 수 있는 것이 아니기 때문입니다. 가진 것이 아무리 크다 해도 마음의 그릇에 비하면 쪽박에 불과한데 가진 것이 어찌 나를 만족시킬 수 있겠습니까. 애시 당초에 채워지지 않을 그릇인데 채우려고 하는 것 자체가 무모한 짓입니다.

만족(滿足)이라는 말은 있어도 만족스러운 감정은 없습니다. 다만 자신을 절제하고 다스리거나 적당한 포기가 있을 뿐입니다.

지금 가장 갖고 싶은 것이 무엇입니까. 그것이 필요한 것이라면 그것을 위하여 노력은 할지언정 더 갖지 못함 때문에 좌절할 일은 아닙니다. 어리석은 사람은 자신이 갖지 못한 것을 괴로워하는 사람이라면 지혜로운 사람은 가진 것에 감사하는 사람입니다. 따지고 보면 갖지 못한 것도 많지만 가진 것도 많지 않습니까.

가진 것을 감사할 줄 아는 사람은 초가삼간에서도 인생을 풍요롭게 사는 사람이지만 갖지 못함 때문에 비관하는 사람은 구중궁궐에 살아도 가난한 사람입니다.

행불행은 내 안에 있는 것… 나 밖에 것 때문에 불행해 하는 이는 행복도 나 밖에서 찾아다니는 방랑자일 수밖에 없지만 내 안에서 찾은 이는 지금 여기가 극락이요 천국입니다.

지혜를 얻는다는 것은 그 누구로부터 특별한 것을 배우는 것이 아니라 스스로에 대한 눈뜸이며 누구나 다 아는 것에 대한 실천일 뿐입니다.

이제 하늘을
도와야지…

　기도를 하는 것은 내가 믿는 그분에게 도움을 청하는 것이지만 진정 도움을 청해야만 도와주시는 하늘인지요. 언제나 도와줄 준비가 되어 있는 부모라는 것을 경험 했으면서도 도움을 청해야 할 하늘이라고 생각하는 것은 하늘을 부모로 여기지 못하는 믿음입니다. 하늘의 도움을 구하는 나만큼이나 나의 도움을 절실히 요구하는 하늘 아닙니까. 하늘의 도움이 필요 없는 이도 없지만 인간의 도움이 필요 없는 하늘도 없다는 말입니다.

　하늘의 뜻을 땅에 이루는 것이 하늘만의 일이었다면 벌써 이루어졌어야 할 뜻이었습니다. 전지전능(全知全能)하신 하늘은 사람의 도움 같은 것이 필요 없을 것이라는 것이 일반적인 생각이지만 사람의 도움 없이는 하늘도 어찌지 못하기 때문에 에덴의 이상(理想)이 나에게까지 연장되어온 것 아닙니까.

　어떤 이가 새로운 사업을 시작 하면서 "하늘이 도우시면…" 이라고 하기에 "이제 하늘을 도와야지…" 라고 말했습니다. 누구나 도움 받는 자리에서 도와줄 수 있는 입장으로 성장해야 하지 않습니까. 공부든 사업이든 하늘을 돕기 위하여 하는 일이어야 성숙한 시대에 걸 맞는 성숙한 의식이라고 할 수 있지요.

신앙 역시 그 동기는 하늘의 도움을 받기위한 것이었지만 세월이 지나 성숙해져서 하늘을 도와야 할 자신이라는 깨달음이 와야 하지 않겠습니까. 하늘의 도움을 바라는 인간의 간절함보다 인간의 도움을 바라는 하늘의 간절함이 더할 것이라는 생각은 해 보지 않으셨는지요.

모든 이들이 하늘에 도움을 청하느라 예수를 믿습니다. 그 사람들이 믿는 예수는 하늘의 도움을 청하기 위하여 그 길을 간 것이 아니라 하늘을 돕는다는 일념으로 갔기 때문에 인류의 맏아들이 되었지만 아직도 예수를 돕기는커녕 예수에게 신세지려는 신앙인들 밖에 없으니 딱한 일이 아닐 수 없습니다.

나는 예수 같은 대인이 아니라서 하늘을 도울 수 있는 것이 없다고 생각하는지요. 나의 아픔은 물론 세상의 모든 아픔이 하늘의 아픔이라는 것을 공감하는 것이 하늘을 돕는 것입니다. 나의 아픔이 나만의 아픔이라는 생각에서는 하늘의 도움을 청하는 기도로 일관하지만 그것이 하늘의 아픔이라는 것을 아는 날 눈물을 감추고 그 아픔을 책임지겠다는 마음으로 하늘을 위로할 수 있지 않겠습니까.

부모의 도움으로만 살던 자식이 부모를 돕는 자식으로 성장해 가야 한다는 생각에는 이견이 없으면서도 하늘을 도와야 한다는 말이 어색하게 들리는 것은 미숙한 신학이 낳은 미숙한 신앙의 결과입니다.

어디 예수 뿐 이겠습니까. 필부(匹夫)는 나라의 신세를 지고 살지만 의인들은 나라를 돕는 삶으로 자신의 생애를 가꾸었습니다. 성웅 이순신이 그렇고 대왕 세종이 그러하며 수많은 애국지사들이 그러합니다.

하늘과 세계라고 해서 드넓은 세계라고만 생각할 필요는 없습니다. 내 관심의 영역이 곧 나의 세계로써 예수의 세계는 지구였고 애국인의 세계는 나라였듯이 나의 세계는 내 주변이기 때문에 자신의 세계를 돕는 마음이 곧 하늘을 돕는 것이라면 하늘을 돕는다는 것도 그다지 어려운 일이 아니지 않습니까. 자신의 영역에서 도움을 필요로 하는 이를 돕는 것이 하늘을 돕는 것이라는 말입니다. 신앙이 성장한다는 것도 내가 위할 수 있는 영역을 넓혀 간다는 것을 의미하는 것입니다.

지금 돕고 있습니까.
아니면 신세를 지고 있습니까.

네 생각을 말해

애시 당초에 스스로는 날 수 없었던 연(燕)이 하늘을 나는 것은 날려주는 이 때문이듯이 믿음이라는 것도 누군가의 충동에 의한 것이었으니 연이 나는 것과 같은 것... 바람 빠진 풍선이나 끈 떨어진 연이 곤두박질치는 것처럼 믿음이라는 것도 한 순간 그럴 수 있는 것입니다.

"사람들이 나를 누구라 하느냐."
...선지자 중의 하나라 하나이다.
"너희는 나를 누구라 하느냐."
...주는 그리스도시요 살아계신 하나님이시니이다.
"...이를 네게 알게 한 이는 혈육이 아니요 하늘에 계신 내
아버지시니라."(마16:13~20)
예수와 제자의 문답입니다.

'너희는 나를 누구라 하느냐.'는 말은 '네 생각을 말해'라는 말이었고 '이를 알게 한 이는 혈육이 아니요 ... 아버지시니라'는 말은 네 생각이

아니라 영계에서 하는 말이라는 뜻입니다. 그렇다면 '네 생각은' 무엇이었겠습니까. "사람들이 말하기를 선지자라 하기도 하고 메시아라 하기도 하니까" 그것이 제 생각인 양 따랐거나 '출세의 디딤돌' 쯤으로 따랐다가 변한 민심에 편승해서 돌아선 것입니다. 소문을 듣고 왔다 소문에 따라 떠나가는 신세였다는 말입니다.

제 힘으로 나는 새는 바람이 불지 않아도 날지만 연은 소년에 의한 것이었으니 끈이 떨어지면 날지 못하는 것처럼 남의 말을 듣고 가는 신앙의 무력함을 말한 것입니다.

제 생각을 묻어둔 채 다른 이의 말이나 생각에 자신을 맡기고 살아가는 이들을 향하여 "네 생각"을 물은 것입니다. 이것은 제자들을 향한 예수님의 하문이기도 했지만 오늘을 살아가는 모든 이에게 던지는 화두이기도 합니다.

예수는 사람들의 말을 듣고 하늘을 섬긴 것이 아니라 자신의 생각을 신앙화 했으니 민심에 휘둘리지 않았습니다. 신앙의 처음은 누군가의 말에 의한 것이었지만 종국에는 자신의 생각이 곧 신앙으로 화해야 하지 않습니까.

학문의 처음은 타인의 이론으로 시작하지만 정상에 이르면 기존의 책을 덮고 자신의 상상력이 이론이 되어 학문의 새로운 지평을 열어가듯이 신앙도 그리해야 한다는 말입니다.

진리로 인한 마음이 비록 들어온 마음이지만 삶으로 내 마음 화 된 이는 타인의 말이나 환경에 휘둘리지 않고 제 생각을 가지고 살아갑니다. 지금 먹은 밥이 돌아서면 피와 살로 화한다는 것을 모르는 이 없건만 수 십 년 동안 들어왔던 진리가 귓전에서만 맴돌 뿐 피와 살이 되지 못했으니 바깥의 소리에 민감한 것입니다.

"내 살과 피를 마시라."(요6:52~59)고 한 것도 진리가 피와 살이 된 자신을 닮으라는 생명에 대한 절규였습니다. 뿌리는 잡종이지만 순종을 접붙이는 순간 종자 개량이 되는 것처럼 비록 태생적으로는 진리와 상관없이 태어났지만 예수를 만나 진리를 얻었으니 진리 인으로 거듭나기를 바랐던 것이 제자들을 향한 예수의 소망이었습니다.

온 놈의 온 말이 내 생각이 되어서 산다는 것은 뿌리가 없는 꽃꽂이와 같은 것… 온 놈의 온 말이 내 생각을 지배하는 것이 아니라 내 생각으로 온 놈을 품고 가야 하는 것이 진리를 품은자의 삶이여야 합니다.

스스로 나는 새와 같은 신앙입니까.
끈에 매달린 연(蓮)의 신앙입니까.
누구의 생각입니까.

信 과 仰

신앙생활을 잘 한다는 것은 신(信)과 앙(仰)을 잘 해야 한다는 것으로 '신앙=생활'이어야 한다는 말입니다. 신앙이 좋다는 것을 제 종교에 충실한 것으로 생각하기 싶지만 그것은 직업적 신앙인인 종교 지도자들이 평가하는 기준일 뿐 하늘이 평가하는 기준라고는 할 수 없습니다.

신(信)이라는 글자가 갖는 의미가 '믿음'인데 이 말은 저 위에 계신 어른을 일방적으로 믿고 복종 한다는 말이 아니라 스스로 믿음직스러운 사람이 되기 위하여 노력하는 자세를 이름입니다.

뿌리는 있으되 말뚝과 같은 것이 옮겨 심은 나무라서 지주목에 묶어 놓고 착근을 기다리는 것처럼 미덥지 못한 사람이 미더운 분을 의지해서 그 분처럼 미더운 사람이 되려는 것이 믿는 이유가 아닐는지요.

한 해쯤 지나 지주목을 걷어낼 수 있으면 뿌리가 내렸다고 할 수 있지만 세월이 지났는데도 지주목에 묶여 있어야 할 신세라면 희망을 접어야 할 나무처럼, 나를 향한 하늘의 믿음을 얻어내지 않는 한 신앙을 제대로 했다고 할 수 없습니다.

사람들은 신앙이라는 말을 종교적인 언어로만 이해하지만 믿음이 필요치 않은 관계도 있습니까. 관계를 유지하는 것이 믿음이라서 서로 간에 신용(信用)을 생명으로 여겨야 하지 않습니까. 믿음(信)을 그 분과 관계 지으면 신앙(信仰)이 되고, 사람과 관계 지으면 신용(信用)일 뿐 그 말이 그 말입니다.

에덴의 사람들에게 '…하라 말라'고 하신 것도 그들이 미덥지 못했기 때문이었으니 스스로의 노력으로 하늘이 미더워 하는 것은 물론 서로 가 서로를 미더워 할 수 있는 자신으로 성장해가야 했던 것입니다.

믿음(信)과 더불어 모심(仰)을 잘 해야 하는 것으로 '…우러러 받듦' 의 생활을 잘 하는 것이 신앙을 잘 하는 것입니다.

모시고 사는 삶이 인생이지 않아요? 부모가 자식을 모시듯(?) 자식도 부모를 모셔야 하고, 부부지간도 그러해야 하지 않습니까. 서로가 서로 를 '내 몸같이'(마22:39) 모셔야 미더운 사람입니다. 에덴의 사람들 역 시 서로 간에 모심으로 살았어야 했다는 말이기도 합니다.

행여 자신이 모심 받아야 할 사람이라는 망상에 사로잡혀 있지는 않 습니까. 그것은 자신의 영혼을 병들게 하는 착각입니다. 목숨을 다해 섬기면서도 자신이 섬김 받아야 한다는 생각이 들어오지 않는 것이 부 모라는 것을 경험했음에도 지도자의 자리에 서기만 하면 섬김 받아야 할 자신이라는 생각이 들어오는 것을 경계하지 못하는 것이 사악함의 전형입니다.

부모가 자식을 섬기는 것은 그 자식이 곧 나라는 생각에서 비롯된 마 음이기 때문에 자신의 희생을 감수할 수 있지만, 섬김 받아야 할 자신이라고 생각하는 지도자는 그들이 나와 관계없는 남이라는 생각에서 비롯된 마음이기 때문에 대상의 희생을 요구할 수 있는 것입니다.

땅이 씨앗과 뿌리를 감싸 안은 것이나 태양이 가지를 품고 기르는 것이 사람만 못하다고 할 수 있습니까. 자연의 모든 법칙이 서로를 모신다고 말하면 논리적인 비약인지요.

알고 보니 인생은 믿음과 모심으로 살아야 하는 것… 내가 몸담고 있는 가정이 종교였고 일상이 신앙 이었습니다 .

씨줄과 날줄

　지인들과 한 가정을 방문하였습니다. 동행한 분들은 그 가정사에 관해서 전혀 아는바가 없었는데 그 중 한 분이 간밤에 그 가정이 안고 있는 고민에 관한 꿈을 꾸었습니다.

　그냥 '우연의 일치'라고 할 수도 있지만 그것은 하늘을 모시고 사는 자의 자세라고 할 수 없습니다. 서로는 모르지만 서로를 연결하는 끈이 있다고 봐야 하는 바, 내가 안고 있는 문제가 나만의 문제가 아니라 "하늘도 내 사정을 알고 있다"는 것을 상기시켜주는 몽시(夢示)였다고 할 수 있습니다.

　누구나 눈과 귀로 보고 듣는 것에 의존해서 살지만 그것 때문에 오히려 그 이상의 것을 생각하지 못할 수도 있다는 생각은 해보지 않았습니까. 하나님은 내가 보고 듣는 것 너머에 계시면서 나를 헤아리고 계신다는 생각이 나로 하여금 그 분에게 엎드려 구하게 하는 것 아닙니까. 그 사람을 '이미 아시고' 부르셨지(롬8:29) 불러놓고 '알아 가시는' 분이 아니라는 말입니다. 그래서 "하늘이 알고 땅은 알지…"라는 군담도 계시적인 말입니다.

"아버지의 뜻대로 하옵소서…"(마26:39~42)

마지막 호흡마저도 아버지의 뜻이기를 바라는 것이 예수정신이라서 그 분을 추모하는 것 아닙니까. 억울한 자신의 팔자에 주관 받지 않고 아버지의 입장에서 자신의 아픔을 느끼려고 했던 그 마음자리가 신앙인들이 상속받아야 할 마음이었습니다. 그렇다면 예수님만 그래야 합니까. 지금 내가 처한 사정도 아버지의 뜻으로 공감할 수 있어야 하늘을 모시고 사는 사람이라 할 수 있습니다.

전파만 사이클이 있는 게 아닙니다. 태양이 생명 하나하나와 초점을 맞추듯이 하늘도 모든 사람과 초점을 맞추고 있다는 것을 배워왔지 않습니까.

모든 사물이 하늘의 창조에서 비롯된 것처럼 모든 상황도 하늘의 뜻이라는 믿음이 나로 하여금 그 상황을 극복하게 하는 힘이 됩니다. 아담가정의 문제를 노아가 짊어지고 같고 아브라함 모세 예수… 모두가 하나님의 걱정을 맡았던 것처럼 지금 내가 안고 있는 걱정이 하늘의 걱정에 동참하고 있는지도 모를 일 아닙니까.

희노애락이나 생노병사가 사람에게만 있는 일입니까. 공간적으로는 자연이 그러하고 시간적으로는 역사가 그러합니다. 흥할 때가 있으면 쇠할 때가 있었고 생(生)할 때가 있으면 사(死)할 때가 있었으니 다 하늘의 뜻이었습니다.

씨줄과 날줄이 천을 만들어가듯이 너와 내가 하늘의 뜻을 이루어가고 있다는 말입니다. 때로는 씨줄이 되기도 하고 때로는 날줄이 되기도

한 것이 인생입니다. 너와 나의 관계도 그러하지만 하늘과의 관계도 그러해서 때로는 신인지간이 씨줄과 날줄이 되어서 섭리를 이루어 왔으니 지금의 나 또한 씨줄인지 날줄인지 알 수가 없는 일입니다.

다 하늘의 뜻입니다.

기도

    피의 색깔은 같지만 피의 정신이 달라서 같이 느낄 수 없는 제자들을 바라보는 예수님의 마음이 얼마나 답답했겠는가를 생각하면서 지금의 나 역시 아버지 하나님을 대하는 마음이 제자들과 크게 다르지 않다는 것을 고백하고 있습니다.

    세포 하나하나가 피의 영향을 받지 않는 것이 없는데 정작 피가 실어 나르는 정신은 하나님의 심정이 아니라 세포가 요구하는 본능적인 욕구를 벗어나지 못하는 한심한 나라는 것을 처절히 느끼면서 태초에 내 피 속에 심었던 창조의 정신을 더듬어 찾아내지 않고서는 아버지의 자식이라는 이름을 얻을 수 없다는 엄중한 원칙을 깨달을 수 있게 도와주시옵소서.

    죽는 순간까지 호흡을 멈추는 법이 없고 호흡을 멈추는 순간까지 피의 흐름이 멈추지 않는 것처럼 호흡을 통하여 아버지를 느끼고 피를 통하여 아버지를 체휼할 수 있는 나를 찾아서 아버지와 내가 다르지 않다는 사실을 깨달을 수 있게 도와주시옵소서.

    공기와 내가 별개가 아니라 내가 공기 속에서 호흡하고, 피가 내 속에서 나의 감정과 하나로 요동치는 것처럼 하나님 역시 때로는 내가 하나님 품속에서 때로는 하나님이 내 속에서 태초의 생명으로 요동치신다는 것을 내 생명으로 감지하지 않고서는 언제나 나 밖에 계신 하나님을 찾는 신앙에서 벗어날 수 없다는 것을 알아야 할 나였습니다.

마음의 문 앞에서 서성인 세월이 육천년인데도 태초에 품었던 소망을 한 순간도 접지 않고 천년을 하루같이 한 결로 찾아 오셨고, 하루를 천년 같은 심정으로 애를 태워 오신 아버지의 시간을 어찌 짐작이나 할 수 있겠습니까.

잘려나간 가지는 그날 그 순간 절명(絶命)으로 고통이 없지만 잘려나간 그 자리의 상처가 아물기를 기다리는 나무처럼 나간 자식의 고통마저도 스스로 안고 찾아오신 아버지의 세월을 백년을 일기로 한 짧은 인생이 어찌 헤아릴 수 있겠습니까.

아버지!

아버지께서 품고 계신 오늘이라는 시간과 여기라는 공간을 벗어날 수 없는 운명이 내가 서 있는 이 순간이라는 것을 알았사오니 오늘 하루도 아버지를 더 체휼적으로 느끼는 날이기를 소망하면서 기도올렸사옵니다. 아멘

가을
그리고 인생

살아가면서 시간과 돈으로 계산되지 않은 것이 있습니까. 그 무엇인가를 위하여 시간과 돈을 투자하는 순간 아깝다는 마음과 그렇지 않았다는 마음이 들 수 있습니다.

예술인은 자신의 공연을 보러 온 사람들에게 돈과 시간이 아깝지 않을 내용으로 보답을 해야 하고, 식당 주인은 밥값이 아깝지 않을 정도의 맛으로 손님을 맞이해야 합니다. 장사하는 이는 손님의 지갑이 자연스럽게 열릴 수 있는 물건과 친절로 맞이해야 하듯이 설교를 하는 이는 혼자듣기에 아깝다는 마음이 들 수 있는 설교를 준비해야 합니다.

초대받은 이들로 하여금 배신감을 느끼게 하는 사람이나 그 업은 발전할 수 없습니다. 망하고 흥하는 데는 이유가 있는 법… 그 이유를 자기 밖에서 찾는 것이 망하는 자의 비겁함입니다.

돈이 아깝다고 느끼는 배신감이 그 업을 망하게 하고, 고맙다는 느낌이 흥하게 하는 것이라는 것을 모르는 이 없는데 유독 그것을 모르는 이는 망하는 집의 주인입니다.

어제는 꽤 비싼 입장료를 지불했지만 시간과 돈이 아깝지 않은 공연이어서 행복한 밤이었습니다. 그만한 공연을 하기 위하여 일생을 준비한 것이었으니 그 분의 무르익은 생애를 본 것입니다. 내가 투자한 돈과 시간이 아깝지 않다고 느낄 수 있는 것처럼 행복한 일이 또 어디 있겠습니까.

아마 지금의 나는 인생의 늦여름쯤일 것 같습니다. 인생의 봄이 손에 잡힐 듯 어제 같은데 한 숨 돌리고 보니 인생의 여름이 지나가고 있습니다. 여름의 끝이나 가을의 문턱이 같은 동계지절(同季之節)이지만 애써 여름의 끝이라고 항변하는 것은 가을이라고 생각하는 것이 두려워서입니다. 내 인생의 가을이 되면 내가 내게 투자했던 시간들과 나를 위하여 투자해 준 이들에게 어떠한 나로 비칠 것인가를 늘 생각해 왔기 때문입니다.

낭비라고 하면 돈을 떠올리기 쉽지만 그 낭비벽은 언제나 고칠 수 있는 것… 낭비한 시간은 보상받을 길이 없으니 시간을 낭비한 이가 인생의 가을 문지방을 넘어서며 황당해 하는 것은 당연지사 아니겠습니까.

시간은 하늘이 주신 선물… 촌음을 아껴야 함이 돈을 아낌에 비할 바 아니거늘 흘려버린 시간들이 지금의 내 모양을 만들었다는 생각에 이르니 참담한 나를 보고 웁니다. 한 치의 여백도 없이 완전한 시간을 담고 있는 가을의 열매들에 경의를 표해야 하는 이유입니다.

산과 들 그리고 하늘… 가을이라는 계절은 눈을 어디로 돌려도 아름답지 않은 것이 없는 것은 봄과 여름을 치열하게 보내고 남은 것들의 향연이기 때문입니다. 다음이 없는 절박함이 가을을 창조한 것 아니겠는지요.

모든 이들이 '⋯님'이라고 칭하는 이들의 삶도 그러합니다. 내가 사는 오늘은 어제 죽은 이의 내일이었다는 말이 그 분들이 살았던 삶의 꽤적 이었습니다. 내일이 없는 오늘이 그렇고 다음이 없는 마지막 호흡이 얼마나 절박했겠습니까. 그러한 절박함으로 가꾼 인생이 모든 이들의 추모를 이끌어 낸 것입니다.

아직도 내 인생이 가을의 초입이라는 것에 희망을 걸고 열심히 살아봐야 하겠습니다.

同床同夢

동상동몽(同床同夢)이 언제쯤 오겠습니까. 하심(下心)을 하지 않고서는 너와 내가 하나 될 수 없다는 것을 알면서도 이몽(異夢)의 벽을 넘지 못하고 있으니 가야 할 길이 아득합니다.

동상이몽 (同床異夢)이 동상동몽(同床同夢)으로 바뀌지 않는 한 그 나라는 요원한 꿈이지만 그 꿈은 나만의 꿈이 아니라 하나님의 꿈이기도 했으니 필연코 이루어야 할 꿈 아니겠습니까. 동상(同床)보다 가까운 관계가 없다면 이몽(異夢) 보다 더 먼 관계도 없습니다. 몸은 동상인데 마음이 이몽으로 사는 부부를 일컬어 "원수가 내 집에 있다"(마 10:36)고 하신 것입니다. 그 말을 달리 하면 구세주가 내 집안에 있다는 말씀일 수도 있는 것이었으니 원수와 구세주가 다르지 않다는 말입니다. 원수를 사랑하는 순간 서로가 구세주가 되는 것… 난치병이 있어 명의가 되듯이 원수가 있어 구세주가 되는 것이었습니다.

결혼은 서로에게 완전한 것을 요구하는 것이 아니라 그의 모자람이 내 몫이라는 생각이 자연스러워질 때 완전해 지는 것이라는 것을 세월이 지나 알아집니다. 자식에게만은 모자람이 없는 사랑으로 살피는 것을 보면 완전한 사랑을 할 수 있는 가능성이 있다는 것 아닙니까.

오른손이 왼손을 완전케 하고 오른발이 왼발을 완전케 합니다. 광물이 있어 식물이 완전해 지고 식물이 있어 동물이 완전해 지며 만물이 있어 인간이 완전해 지듯이 하나님도 인간으로 인하여 절대 신(神)이 되는 것 아니겠습니까.

스스로는 완전해질 수 없고 이것과 저것이 서로를 완전케 하는 것이 우주가 운행하는 원리이듯이 부부지간도 그러한 것이었습니다. 단색으로 그릴 수 있는 그림이 없고 한 가지 양념으로 만들 수 있는 요리가 없듯이 스스로는 완전해 질 수 없는 것이 창조의 법칙이었습니다.

한 극(極)으로는 할 수 있는 것은 아무것도 없지 않습니까. 그러고 보면 자연은 동상동몽으로 존재의 균형을 맞추어 가고 있으니 자연만한 스승이 없습니다.

동상이몽(同床異夢)입니까.

내 마음을 놓아야 합니다.

이상동몽(異床同夢)입니까.

내 몸을 놓아야 합니다.

이상이몽(異床異夢)입니까.

에덴의 한(恨)입니다.

그래도 동상동몽(同床同夢)을 찾아가야 하겠습니다.

그날을 기다립니다.

生을 命받은 나

생명(生命)이라는 말은 생물학적인 의미를 넘어 철학적인 의미를 담고 있는바 생(生)에 대한 명(命) 보다 소중한 것은 없습니다. 일에 대한 명은 상황에 따라 바뀔 수도 있고 못할 수도 있지만 생(生)에 대한 명(命)은 기필코 수행해야 할 숙명적인 것이며 단 하나의 생(生)이면서 단 한 번의 명(命)이기 때문에 소중한 것입니다.

예수님의 잉태와 탄생을 요셉에게 현몽(마1:19~) 한 것처럼 특별한 인물들은 하나같이 특별한 태몽이 있어왔지만 그것은 그들에게만 있어야 할 계시가 아니라 모든 이들에게도 적용되는 말이기도 합니다.

위대한 인물에 대한 태몽은 하늘의 계시라고 생각하면서 범인(凡人)에 대한 태몽은 그냥 별 것 아닌 꿈으로 치부하는 것은 생명을 소중히 여기는 자의 마음이라 할 수 없습니다.

사람마다 몸무게는 다를지라도 생명의 무게(?)는 다르지 않습니다. 사람의 신분과 상관없이 탄생 그 자체가 하늘(天)의 명(命)이기 때문에 타인의 생명을 함부로 하는 것이 가장 큰 죄가 되는 것입니다.

구원을 명받은 예수

예수님은 비록 유대인으로 태어났고 한 가문의 아들로 태어났지만 그가 하늘로부터 받은 명은 세계적이며 역사적이었기 때문에 이스라엘이 그 분을 협조했더라면 예수와 함께 인류의 머리가 될 수 있었지만 불신하므로 역사상 가장 혹독한 고난의 민족이 된 것입니다.

예수님이 일신상의 고난이나 억울함에 연연하지 않았던 것도 자신의 탄생에 대한 하나님의 명을 알았기 때문입니다. 사람이 공의(公義)에 사무치면 자신의 사정을 초월할 수 있는 힘을 갖지 않습니까. 충천한 애국심은 고문이나 죽음의 위협도 가소롭게 여길 수 있고, 부귀영화에 대한 유혹도 걸레처럼 여길 수 있는 것입니다.

예수님은 자신의 생(生)에 대한 명(命)이 신인지간(神人之間)에 대한 부자지정립(父子之定立)에 있음을 알고 하나님 아버지를 가르친 것입니다. 아버지에 대한 자식으로서의 도리를 다해야 하는 것이 자신이 태어난 뜻이라는 사실을 알았기 때문에 죽음의 사선도 효심으로 넘을 수 있었던 것입니다. 그래서 가장 예수님적인 말씀이 '아버지'라는 명사라고 할 수 있는 이유입니다.

신인지간(神人之間)을 창조주와 피조물이라는 주종관계(主從關係)로 이해하면 은총을 기대하는 기복에 몰두하지만 아버지로 알면 자식 때문에 속 썩는 아버지를 위로해야 된다는 마음이 들어옵니다. 이러한 천명(天命)이 자신이 태어난 의미라는 사실을 아는 예수님이었으니 십자가의 고난도 찬란한 이력이 될 수 있었던 것입니다.

그릇된 사상에 심취해도 고문을 당하거나 감옥에 드나든 경력이 출세의 디딤돌이 되지 않습니까? 마찬가지로 예수님도 고통으로부터 하나님을 구하고 인류를 구하는 것이 생(生)의 명(命)이었음을 알았기 때문에 고난을 영광으로 알았던 것입니다.

나에 대한 生의 命

이러한 생(生)의 명(命)이 어찌 예수님이나 중심인물에 한하겠습니까. 인간으로 태어난 모든 이는 나름대로 생(生)에 대한 명(命)이 있기 때문에 자신의 생(生)은 물론이거니와 타인의 생명(生命)까지도 존중해야 되는 것입니다.

나는 과거의 열매요 미래의 씨앗 아닙니까? 조상에게는 후손이면서 후손에게는 조상이기 때문에 나의 생애를 통하여 조상의 업(業)을 탕감 복귀 해야 하고 후손에게는 복의 근원이 되어야 하는 것이 내가 태어난 의미입니다. 결국 그렇게 살아서 하나님과 부자지연(父子之然)을 맺자는 것입니다.

최고의 지식은 하나님을 아는 것이요 최고의 삶은 하나님의 자녀 된 삶이었지만 인간이 떨어져서(墮落) 하나님을 '모르겠다, 못 믿겠다, 안 믿겠다'고 생떼를 쓰는 것입니다.

하나님은 없는 듯 계시는 분으로 소리 없이 가르치시는 분이요 모양 없이 자신을 나타내시는 분입니다. 하나님은 시간과 공간으로 계산되지 않지만 그 시간과 공간마저도 당신 속에 내포하고 계신 분입니다.

내 몸에 수분이 몇 퍼센트가 부족한지 모르지만 느끼는 갈증으로 알수 있고, 배고픔으로 에너지의 부족함을 알지 않습니까? 모든 생명들이 태양을 향한 향일성(向日性)이 있음은 그 속에 생명의 주체에 대한 지향성이 있는 것처럼, 선(善)을 지향하는 마음은 선의 본체 되시는 하나님의 신성(神性)이 내재해 있음이었습니다.

하나님의 신성(神性)에 힘입어 자연을 보면 자연은 하나님께서 인간에게 보내신 사랑의 편지였습니다. 바람은 하나님의 숨결을 싣고 오는 편지였고, 새싹은 하나님의 모습을 담아 오는 편지라는 것입니다. 반면에 인간은 선하고 의로운 삶의 향기가 하나님에게 보내는 최고의 편지라고 할 수 있는 것입니다.

끝을 봐야지

자신의 생(生)에 대한 명(命)을 잘 수행해서 마음의 이문을 남기는 인생이 되어야 하겠습니다. 무엇이든지 시작을 했으면 끝을 봐야하지 않습니까? 장사를 시작했으면 이익을 내야 하고, 파종을 했으면 추수를 해야 하며, 화초를 심었으면 꽃을 봐야 하듯이 생(生)을 출발했으면 명(命)을 수행해야 하는 것입니다.

그러한 의미에서 메시아는 생(生)에 대한 명(命)을 수행한 전통을 세우기 위하여 살았으며, 무지한 중생들에게 생(生)에 대한 명(命)을 깨우쳐주기 위한 삶이었습니다. 종교라는 것도 생(生)에 대한 명(命)을 깨우쳐주기 위한 도구였습니다.

우주를 지배하는 것이 법(法)으로 그것을 어기는 순간 존재의 틀에서 추방되지만 그 법에 순응하면 보호를 받게 되어서 생(生)의 명(命)을 성취하게 되는 것이 법의 양면성입니다.

사람들은 흔히 생명(生命)이라고 하면 번식과 성장이 가능한 동식물만을 생각하지만 그것은 인간의 언어가 갖는 독단입니다. 존재하는 모든 것은 그 의미가 있으니 의미 그 자체가 존재의 생명이라는 것입니다.

동물(動物)은 움직이는(動) 물건(物)이라는 말인데 그것 역시 인간의 시각을 기준으로 한 언어체계로, 과학적으로 보면 움직이지 않는 물건이 있나요. 모든 물질을 구성하고 있는 입자운동의 역동성을 보면 동물들의 움직임에 비교가 되지 않을 정도로 빠른 속도와 정확한 괘도를 유지하지 않습니까.

실은 무생물이라는 것은 존재하지 않는 것입니다. 인간이 무생물이라고 말하는 그것이 생물을 존재하게 하고, 미물이라고 여기는 것이 대자연의 질서를 위한 기초가 된다는 것을 생각한다면 지구나 우주 그 자체도 생(生)의 명(命)을 수행하고 있다는 것을 깊이 성찰해야 할 일입니다.

지금 살아있음이 하늘의 명입니다.

천국이 가고
지옥이 왔더라.

　백과사전이라는 것은 그 시대의 지식을 집대성해 놓은 책이라는 생각에 때로는 절대에 가까운 믿음을 갖지만 실은 그것도 알고 보면 그 무엇에 대한 착각이전의 것이거나 착각이후의 것에 대한 기록이라는 것을 간과해서는 안 됩니다.

　지구가 우주의 중심이라는 것을 신앙해 왔던 시대에는 천동(天動)이라는 착각이 인류의 의식을 지배했지만 코페르니쿠스적인 전환으로 말미암아 지동(地動)이라는 지식이 보편화 되면서 지구가 우주의 중심이 아니라 또 하나의 별에 불과하다는 것이 상식화 되었습니다. 이것은 단순한 의식의 전환이 아니라 인간이 믿어왔던 것들을 송두리째 뒤엎는 사건이었습니다. 이처럼 지식이라는 것은 착각으로부터의 깨어남이며 그것 또한 영원한 지식이 아니라 착각으로부터의 끝없는 깨어남의 연속일 수밖에 없는 것입니다.

　중세를 지나 수세기동안에 이룩된 지식은 인류가 착각해 왔던 거의 모든 것에 대한 전환을 했지만 아직도 착각에서 깨어나지 못한 채 지식이라고 믿고 있는 것들이 얼마나 많겠습니까.

그 중에서도 기원전에 가졌던 원시적인 착각에서 벗어나지 못하고 있는 것이 있으니 다름 아닌 종교입니다. 성령잉태설이나 영생에 대한 믿음이 그렇고, 사자(死者)의 부활이나 예수의 공중 재림과 같은 것들이 다 그러합니다. 이러한 신앙은 진리를 믿는 것이 아니라 '진리이기를 바라는 믿음'이며 '진리여야 한다는 억지'가 믿음 화 된 것입니다.

산타크로스에 대한 믿음은 유년기를 지나 청소년이 되면서 자연스레 정리 되어야 할 믿음인데 청장년이 되었는데도 그대로라면 정신병원이 필요한 사람이라고 해야 하지 않겠습니까. 그와 같은 것이 현대인들의 신앙입니다.

흔히 중세시대를 일컬어 '지식의 암흑기'라고 하지만 그것을 달리 표현하면 '착각의 전성기'라고 표현할 수도 있는바 그것은 곧 종교의 전성기와도 일치 하는 시대이기도 합니다.

생로병사(生老病死)를 비껴갈 수 있는 생명이란 없는데 어찌 예수나 특정한 종교만이겠습니까. 믿으면 안 죽는다는 것은 생명의 본질에 대한 무지에서 비롯된 착각입니다.

태어남이 생명현상이라면 죽음 또한 생명의 또 다른 현상일 뿐이라는 것이 상식이 되지 않는 한 '착각신앙'에서 벗어날 수 없는 것입니다.

생자불멸(生者不滅)의 허구에서 벗어나 생자필멸(生者必滅)이 상식화 되는 날이 구원받은 날이라고 할 수 있으니 그것이 이미 상식화 되어있는 세상이 오히려 구원의 바다입니다. 상식을 잃어버린 종교가 세상으로부터 구원을 받아야 하는 이유입니다.

신앙이란 제가 믿고 싶은 것을 고집하는 것이 아니라 믿을 수 있는 상식을 깨쳐가는 것… 상식적이지 않은 것을 믿어서 '천국을 간다'고 말할 것이 아니라 나로부터 '천국이 왔다'고 해야 하지 않겠습니까.

한 하나님과 한 성경을 두고 '내 것은 옳고 네 것이 그른 것'이라는 내용으로 격렬한 토론을 합니다. 이것은 개인 간의 문제가 아니라 종교 간의 분쟁이며 국가 간의 전쟁이 되기도 합니다. 이러한 것들은 천동(天動)을 신앙하던 시대의 착각신앙이 빚어낸 잔재들 아니겠습니까. 이것은 21세기적인 의식이 아니라 기원전의 의식이라는 것을 감지하지 않는 한 벗어날 수 없는 무지의 늪이며, 이러한 아집은 '천국에 간다'가 아니라 '천국이 가고 지옥이 왔다'고 해야 할 믿음입니다.

천국을 가려는 신앙입니까.
지옥을 해방하고자 하는 신앙이면 어떻겠는지요.

할 수 있는 일이
아닙니다.

"신앙을 오래하면 사람이 바뀌어야 하지 않습니까."

"그러는 당신은 바뀌었습니까."

십년지기(十年知己)와의 대화입니다.

살아가면서 지기(知己) 때문에 마음이 상하거나 실망을 하는 것은 그 사람이 바뀌기를 바라거나 바꾸려고 하는데서 오는 갈등입니다. 나도 나를 바꾸지 못하는데 누구를 바꿀 수 있겠습니까.

사물은 내 생각대로 길들일 수 있지만 사람은 내 의지대로 바꾸는 것이 아니라 서로가 서로에게 적응해 가는 것입니다. 예컨대 음식이나 옷은 내 몸에 맞추지만 계절과 밤낮은 내가 맞춰 살아야 함과 같습니다. 초목이 땅과 화목한 것이나 물과 화목한 고기 역시 그 환경에 적응했을 뿐 자연을 바꿔서 된 것이 아닙니다.

젖먹이도 제 마음대로 하려는데 누가 누구를 바꾸겠습니까. 화목하다는 것은 서로 간에 적응을 한다는 것… 내 마음대로 바꾸어서 된 것이 아닙니다.

사람의 성격을 두고 장단점을 쉬 말하기도 하지만 그리 쉽게 규정지을 일도 아닙니다. 꽃이면 다 예쁜 꽃이지 좋은 꽃과 나쁜 꽃이 따로 있습니까. 다만 취향이 다를 뿐인 것처럼 사람의 성격도 그러합니다.

교복을 입었다고 모두 우수한 학생이 아닌 것처럼 신앙을 하고 진리를 배웠다고 이내 성자(聖者)가 되는 것이 아닙니다. 진리를 배워도 나는 나일뿐인데 성자가 된 것처럼 스스로를 인간에 대한 보편상(普遍像)으로 착각하거나 그에게 완전한 것을 기대하면 실망이 기다릴 뿐입니다.

백두산 흙으로 지리산을 덮어도 지리산이 백두산으로 바뀌지 않고, 낙동강을 한강물로 채워도 여전히 낙동강인 것처럼 진리를 배워도 진리를 덮 씌웠을 뿐 바탕색인 천품(天稟)은 바뀌지 않습니다. 천품은 그야말로 하늘(天)이 준 개성(稟)인데 바뀔 리가 있겠습니까. 다만 스스로의 수행을 통하여 이웃과 조화로울 수 있는 나를 만들어 갈 뿐입니다.

맛이 같으면 양념이 아닙니다. 그렇다고 제 맛만을 주장하면 맛을 버리지만 자신을 절제하고 적당히 조화로울 때 맛이 창조되는 것이나, 형형색색의 초목과 꽃들이 조화로울 때 아름다운 자연이 창조되는 것도 그렇고, 요철과 명암 그리고 원근의 조화로움 없는 창작이 있을 수 없는 것처럼 인간사나 세상사가 다 그러합니다.

같은 얼굴이 없는 것처럼 같은 성격이 없는데 나와 같기를 바라는 것은 아직도 달관하지 못한 마음 때문입니다. 모양이 동일한 벽돌담 보다 제각기 생긴 돌담이 더 아름다운 것도 이종(異種)간의 조화로움인 것처럼 사람의 성격도 그러합니다.

돌담을 쉬 쌓기 위하여 동형의 돌을 찾느라 시냇가를 살피고 있습니까. 돌담 쌓기를 포기하는 것이 더 옳지 않겠습니다. 아직도 그를 바꾸지 못해 힘이 드십니까. 그것은 내가 할 수 있는 일이 아닙니다. 그를 바꾸느니 하나님께 새로운 창조를 부탁하는 것이 더 빠를 듯싶습니다. 하늘도 못하시는 일을 사람이 어떻게 하겠습니까.

상대를 바꾸려고 하십니까.
할 수 있는 일이 아닙니다.
포기와 적응을 배우는 것이 인생입니다.

'오직'으로부터의
해방

　'오직 예수'여야 합니까.

　다른 이름으로는 대체할 수 없는 일입니까.

　생명의 법이 오직 한 법인 것처럼 마음의 법도 오직 한 법일 수밖에 없지만 그 생명을 이루어 가는 과정은 제각기 다를 수가 있음을 인정해야 합니다.

　한국인의 주된 먹거리가 한식이라고 해서 세계인도 '오직 한식'이어야 한다는 말이나 마음의 생명을 이루어 가는 진리를 '오직 성경, 오직 예수'라는 등식에서 벗어나지 못하는 황당함이 다르지 않습니다.

　같은 내용을 미국인은 영어로 한국인은 한국어로 말했을 뿐인데 자신이 한국인이라는 이유로 영어는 몹쓸 것을 가르치는 것이라는 억지와 다름 아닙니다.

　"내가 길이요 진리요 생명"(요3:16)이라고 말한 것은 '오직 예수'를 말 하려던 것이 아니라 그릇된 자신을 기준으로 하고 살지 말라는 것일 뿐 다른 종교를 염두에 두고 한 말이 아니었습니다. 예컨대 다른 경(經)이나 예전의 성현(聖賢)들을 부정하려던 것이 아니었다는 말입니다.

한국인이나 지구 저편의 사람들이 마시는 공기가 다르지 않음과 같이 종교와 경(經)이 다르다고 다른 것을 가르치는 것이 아닙니다. 인종이 달라도 제 자식을 향한 부모의 마음이 다르지 않은 것처럼 중생들을 향한 성현들의 가르침이 한결같은 것은 그것이 인간을 향한 하늘의 마음이기 때문입니다.

흔히 믿음의 길을 가는 사람들이 착각하기 쉬운 것은 '그릇된 내가' 참을 이루기 위하여 진리의 길을 간다는 생각보다 '내가 곧 진리'라는 착각 속에 빠진 나머지 내가 하는 말과 행위는 모두 진리라는 함정에 매몰돼 있다는 것입니다. 칭찬받는 신앙인일수록 '오직'의 굴레를 쓰고 있다는 생각은 해 보지 않았는지요. 전자의 경우라면 그릇된 중생에 대한 측은지심으로 그를 안을 수 있겠지만 후자의 경우라면 냉정한 심판에 망설임이 없을 것입니다.

자식은 부모에게 등을 보일 수 있지만 부모가 자식을 등질 수 없는 것처럼 인간이 하늘을 등졌을 뿐 하늘이 인간에게 등진 적이 없습니다. 그래서 하늘과 정든 이는 사람을 등질 수가 없는 것입니다. 사람을 등지고도 정다울 수 있는 하늘은 없습니다.

이제 '오직'이라는 굴레에서 벗어나야 합니다. 그 굴레에서 벗어나는 날 '오직'이라는 울타리 너머의 세계에 대한 눈을 뜰 것이지만 오직이라는 굴레 속에 갇혀 있는 한 '오직 가지 말아야 할 길'을 가고 있는 것입니다.

오직을 믿느라 사람을 등졌습니까.
오직의 웅덩이에 빠져 있습니다.
오직 사람을 사랑하신 하늘이었습니다.
하늘은 내가 사랑하지 못하는 그를 사랑하셨습니다.

아직도
달리 보입니까.

반달과 보름달이 다른 달이 아니고 일조(日照)와 낙조(落照)가 다른 해가 아닙니다. 아침에 뜨는 해가 그 너머에서는 지는 해고 저녁에 지는 해 역시 저 너머에서는 뜨는 해인데 뜨고 짐의 구분이 있습니까. 다만 다른 것은 다르다고 생각하는 내 마음입니다.

물과 공기가 다른 것이 아니요 흙과 나무가 다른 것이 아닙니다. 다 그것으로 그것이 되었으니 그것이 그것이고 이것도 그것입니다.

존재도 그러하지만 그 존재에 적용되는 원리가 다르지 않습니다. 피부가 다르다고 피마저 르지 않고 종(種)이 다르다고 원리마저 다른 것이 아닙니다. 잡초와 불로초가 그러하고 하루살이와 코끼리가 그러하며 피라미와 고래가 그러한 것처럼 필부(匹夫)와 성인(聖人) 역시 다른 사람이 아닙니다.

성인이 모든 필부들을 성인으로 여기는 것처럼 필부도 자기 속에서 성인의 씨를 찾아야 하지만 자신을 필부로만 여긴 나머지 성인만을 숭배하려는 망상에서 벗어나지 못하는 것이 필부들의 한계였습니다. 모든 이가 성인으로 여겨지는 그 날을 위한 믿음이지만 세월이 가도 그 괴리가 좁혀질 기미가 보이지 않는 것을 아파해야 합니다.

아이가 자라서 어른이 되고 씨눈이 자라서 거목이 되는 것은 그 속에 고스란히 있었기 때문이듯이 인성(人性)이 자라서 신성(神性)이 되는 것일 뿐 인성과 신성이 달리 존재하는 것이 아니지 않습니까. 풋과일이 익어서 익은 과일이 되는 이치와 같다는 말입니다.

부처가 오신 것은 모든 이가 부처라는 것을 깨쳐주기 위함이었다면 예수 역시 모든 이를 구원하려고 온 것이 아니라 이미 구원받은 나라는 것을 깨우쳐 주기 위하여 오셨던 예수라고 해야 내게 다가온 구원이 아닐는지요.

하늘이 사람을 버린 적이 없는데 새삼스럽게 구원을 받아야 하는지요. 예수에게 구원을 받아야 한다고 법석을 떠는 것은 예수의 말이 아니라 예수를 대행하고픈 사람과 종교가 만든 말입니다. 구원의 목소리가 클수록 구원과 멀었던 역사가 한 두 번이었습니까.

지금 그 자리에서 하늘을 자각하기만 하면 되는 일이라서 "아버지가 내 안에 내가 아버지 안에 있다."(요14:20)고 말했던 것이 이천년 전인데 아직도 나 밖에서 찾고 있는 것입니까. 내 안에서 찾은 아버지는 피와 세포가 요동치는 아버지지만 나 밖에서 찾은 아버지는 믿음이라는 관념의 벽을 넘어서지 못하기 때문에 언제든지 잊어지는 아버지일 수밖에 없습니다.

엄마 손에 얻어먹었던 것이 죽는 날까지 그리운 것은 맛과 더불어 엄마의 사랑이 피와 살이 되었기 때문이라면 오다가다 먹었던 식당 밥은 아무리 맛이 있어도 세월과 더불어 잊혀지는 것은 피와 살이 아니기 때문입니다.

이제 그와 내가 다르다는 생각에서 벗어나야 합니다. 그것 속에 이것이 있고 이것 속에 저것이 있어서 이것과 저것 그리고 그것이 둘이 아니듯이 인성(人性)속에 신성(神性)이 있으니 모든 것을 달리 볼일이 아니라는 말입니다 .

　　나
　　너
　　그들
　　다 하나였습니다.

살아야 아는 거지

창조는 원리를 통하여 실현되고
원리는 창조를 통하여 표현됩니다.

입력해 놓은 프로그램에 의하여 기계가 움직이듯이 천지 창조와 더
불어 심어놓은 원리에 의하여 작용과 번식과 성장을 하며 사람은 거기
에 더하여 이상(理想)을 갖습니다.

자연은 생물학적인 진화에 한정되지만 사람은 문화인류학적인 진화
를 통하여 자신의 이상을 실현 하려는 욕구를 동력으로 사회적인 진화
를 거듭해 왔던 것입니다.

인간이 추구하는 끝없는 창조적 욕구는 인간의 마음속에 심어놓은
하늘나라에 대한 구상을 성취하려는 자율성의 발로 외에 달리 해석할
길이 없습니다.

자연의 입자 속에 심어놓은 프로그램은 처음부터 완전한 것이었기

때문에 존재의 괘가 흔들릴 이유가 없었지만 인간에게 심어 놓은 것은 스스로의 노력으로 완성시켜가야 하는 것이었기 때문에 명암으로 요동치는 역사일 수밖에 없었습니다.

하늘나라에 의해서 하늘 사람이 만들어지는 것이 아니라 하늘 사람에 의해서 하늘나라가 도래하는 것이었기 때문에 예수나 석가는 스스로 하늘이 되어서 자신의 나라를 만들었고 믿는 사람들 역시 자신의 나라를 만들어 가는 것 아니겠는지요.

비록 시대와 장소는 달리하고 살았지만 동일한 이상으로 살았으니 만난 적도 없고 만나자는 약속이 없었음에도 같은 나라에서 만나는 것 아니겠습니까.

이상이 같으면 이질(異質)도 동질(同質)로 느껴서 생면부지의 사람도 이심전심(以心傳心)이지만, 동상이몽(同床異夢)의 삶은 동질(同質)도 이질(異質)로 느껴서 피붙이면서도 만나야 할 필요를 느끼지 못하는 세계가 하늘일 수밖에 없으니 그 세계는 공의로운 세계일 수밖에 없습니다.

유유상종(類類相從)이라는 말은 인간을 비롯한 모든 피조물에 공히 적용되는 법이기 때문에 우주를 지배하는 원리일 수밖에 없으니 결국 산다는 것은 나와 같이 유유상종할 수 있는 이웃을 만들어 가는 것… 욕심을 낸다고 될 일이 아닙니다.

그 나라에서 그분과 같이 살고 싶습니까. 그렇다면 그러한 삶으로 자신의 마음을 가꾸면 될 일입니다. 삶의 전제가 없는 믿음으로 그 나라에 간다는 말에는 심한 논리의 비약과 더불어 저항감을 느끼지만 믿지 않아도 그 분처럼 사는 이는 그 나라에 갈 수 있을 것 이라는 말에는 공감이 가지 않습니까. 믿어서 가는 것이 아니라 살아야 가는 것이어야만인에게 공히 적용되는 원리라고 할 수 있다는 말입니다.

아는 이는 많지만 사는 이가 없어서 생기는 비극들인데 더 아는 데만 치중하면 어쩌자는 것입니까. 알지 못해도 살면 아는 것이요, 알아도 살지 못하면 아는 것이 아니었습니다. 이제 사는 일만 남았습니다.

믿으면 신앙인이지만
살면 성인이 됩니다.

보상과 상속

　자신이 믿는 그 무엇 앞에 엎드려 소원을 빌었습니까. 사업을 하는 이, 선거를 앞둔 이, 입학이나 취직을 앞둔 이, 아픈 이… 저마다의 소원을 빌었으니 하늘인들 무심 하겠습니까. 그러나 그러한 것들은 다 행위의 동기가 아니라 행위의 결과여야 했습니다.

　믿는 이 마다 기도의 동기를 자신의 소원성취에다 둔 것 때문에 하늘도 난감할 때가 많을 것이라는 생각은 해 보지 않았습니까. 기생의 친절을 친절이라고 할 수 없듯이 제 사정 때문에 정다워 하는 것을 옳은 감정이라고 할 수 없습니다. 하늘과 정들자는 것이 기도의 동기여야 했다는 말입니다.

　하늘 땅과 정다운 나무에 꽃과 열매는 자연스러운 결과입니다. 답지 못한 나무나 말뚝을 붙들고 기도 한다고 꽃과 열매를 기대할 수 있겠는지요. 고기가 물과 정다우면 생명은 자동적인 것 아닙니까. 미물에서 우주에 이르기까지 관계가 정다우면 자신의 존재가 보장되는 것이 자연스러운 현상인데 애써 구하려고 하는지요.

정다워지는 것이 목적입니다. 나이 들어가면서 자식과 정다워지기가 쉽지 않고 부부가 정다워지기가 쉽지 않습니다. 마찬가지로 신앙을 오래 하면 할수록 하늘과 정다워지기도 쉽지 않고 사람과 정다워지기도 쉽지 않습니다.

정답다는 말은 '정(情)이 다와야' 한다는 말입니다. '다운 것'은 정이 가지만 '답지 못한 것'은 있던 정도 멀어지는 것이 자연스러운 감정입니다. 하늘과 땅은 언제나 그 자리에 있지만 나무가 답지 못하면 하늘 땅과 멀어지게 되어있고, 부모 역시 언제나 그 자리에 있지만 자식이 답지 못하면 스스로 멀어지게 되어있듯이 하늘이 인간에게 멀어진 것도 하늘 때문이 아니라 인간이 다움을 잃어버린 결과 아닙니까.

그렇다고 다와 진다는 것을 그다지 어렵게 생각할 문제는 아닙니다. 무엇인가가 '답다'는 말은 정상적인 상태와 자격을 말 하는 바 그것은 지극히 상식적인 상태를 의미하는 말입니다. 과일이 과일다운 것이나 가을 하늘이 가을 하늘다운 것이 그저 그런 자연의 흐름이듯이 사람이 사람다운 것도 상식적인 삶을 의미하는 말 아닙니까.

사서(四書)와 오경(五經)이 말하고자 함도 상식 이상의 것이 아니며, 삼강(三綱)과 오륜(五倫) 역시 그러한 것입니다. 모르는 것을 배워서 살라는 말이 아니라 아는 대로 가감 없이 살라는 말입니다.

에덴의 사람들이 그랬던 것이나 세상의 모든 불합리한 것들 역시 몰라서 생기는 것들이 아닙니다. 교통법규를 몰라서 교통사고가 나는 것이 아니듯이 알면서도 해야 할 것을 하지 않고 하지 말아야 할 것을 한

데서 비롯된 것들이었습니다.

　아무리 오래 살아도 더 살지 못한 미련은 남기 마련이고, 세상을 다 가져도 갖지 못한 것은 언제나 있는 것… 내가 갖지 못한 것이 부러워서 하늘에 빌 것이 아니라 멀어진 하늘에 가까이 다가가기 위한 것이 신앙이어야 하며 하늘과 정들어 있는 분을 부러워하는 것이 성숙한 신앙 아니겠는지요.

　빌어서 얻어지는 것은 '보상'에 불과하지만 정들어서 얻어지는 것은 '상속'이라는 것이 감사한 일 아닙니까. 하늘은 나에게 상속을 해 주시려 던 것이었지 보상을 해 주시려 던 것이 아니었다는 말입니다.

　　　지금 보상에 목을 맵니까.
　　　하늘은 말합니다.
　　　너는 상속자니라.

나를 축복하라.

여러분들은 무슨 고민을 가지고 있습니까? 누구나 한 가지 걱정은 있다고 합니다만 알고 보면 그 걱정은 나의 몫이지 누구도 대신해 줄 수 없는 걱정입니다.

내가 주인공

드라마는 주연 한명에 조연과 단역들이 등장하는데 종영되는 날까지 한번 정해진 주인공은 바뀌지 않듯이 비록 배움이 모자라도 내 인생에는 내가 주인공입니다. 배운 게 많다고 남의 인생에 관여해서 대신 주인공이 될 수도 없는 일 아닙니까.

사람들이 예수님이나 부처님을 믿지만 그 분들 역시 내 인생에는 주연이 되지 못하고, 전지전능하신 하나님도 나의 인생에는 조연으로 협조할 뿐 내 인생 자체를 좌우할 수는 없습니다.

에덴의 남녀에게 하나님이 하실 수 있었던 역할이 무엇이었습니까?

행위의 동기와 결과에만 관여 했을 뿐 정작 행위 그 자체에는 속수무책
이었지 않습니까?

본문(눅9:23~)을 보세요. 예수님에게 '도와 주소서' 하고 간청하지
않습니까? 미친 아이의 부모가 예수님에게 자기 아들의 병을 치료해
달라고 청하면서 '할 수 있거든…'이라는 말에 믿음이 없음을 책망하자
나의 믿음이 없는 것을 도와주소서라고 했습니다.

예수님께서 믿는 자에게는 능치 못할 일이 없다(눅9:23~)고 말씀하
셨는데 이 말씀도 새겨들어야 합니다. 즉 믿어도 능치 못할 '일'이 많다
는 것입니다.

능치 못할 일이 없다고 하니까 그야말로 '일'로 생각하지만 예수님
자신에게 일어나는 '일'에 대해서 정말로 전능(全能)했습니까? 유대인
으로부터 반대 받고 십자가에 못 박혀 죽는 일을 피하지 못했는데 자신
의 일을 해결한 게 뭐가 있어요. 믿음으로 말하자면 예수님보다 투철한
믿음이 어디에 있었겠어요. 그런데도 자신에게 일어나는 '일'에 대하여
서는 속수무책이었습니다.

"믿는 자는 능치 못할 일이 없다"고 하신 말씀은 일 그 자체가 해결된다
는 말이 아니라 그 일에 대한 자신의 감정을 극복할 수 있다는 말입니다.
즉 하나님의 뜻에 대한 신념으로 극복하지 못할 것이 없다는 말이에요.

예수님이 억울한 말을 듣고 죽음 길을 가면서도 불신과 배신의 감정을
갖지 않고 갈 수 있었던 것은 억울한 일보다도 하나님의 뜻에 대한 신념
이 더 투철했기 때문에 자신의 감정을 극복할 수 있었다는 말입니다.

사람의 뜻을 꺾는데 최고의 위협이 '죽음'입니다. 고문을 하다가 안

되면 죽이겠다고 위협하지 않습니까? 자신이 가진 신념이 신앙이든 애국이든 간에 그 신념이 투철하지 못하면 모진 고문에 굴복하거나 달콤한 회유에 신념이 꺾입니다.

큰 뜻을 품고 가는 사람은 유혹도 많고 위협도 많은 법인데 예수님에게 그런 유혹과 위협이 얼마나 많았겠어요. 성경에 기록된 것이 예수님의 전부라고 생각하면 안 됩니다. 예수님이 죽은 것도 그러한 유혹이나 위협과 타협하지 않았기 때문입니다. 그냥 적당히 자신의 신념을 접고 타협했으면 죽지 않을 수도 있었을 것입니다. 그러나 죽을지언정 자신이 세운 뜻에 대한 신념을 지켰기 때문에 메시아가 될 수 있었다는 것입니다.

일반적으로도 자신이 세운 올바른 신념은 신앙과 같은 거예요. 즉 효도나 애국 같은 것이 하나님의 섭리라는 말로 포장되지는 않았지만 의로운 신념은 하나님께 칭찬을 받을 마음 아닙니까.

여러분도 누구를 믿는다고 할 때 그 분의 신념을 믿는 것이고 따르는 것입니다. 그러지 않고 우상 신앙과 같은 믿음으로 가다가는 사건에 꺾이게 되는 것입니다. 예수님의 제자들이 죽음 앞에 꺾였던 것도 예수에 대한 막연한 믿음으로 따랐기 때문입니다.

스승의 신념이 내 신념화 될 때 극복하지 못할 사건이 없다는 것입니다. 여러분이 지금 겪고 있는 한 가지 고민도 뜻에 대한 신념이 투철하면 축복이 됨을 인식할 수 있다는 것입니다.

바다라는 것은 언제나 파도가 있기 마련인데 치는 파도를 원망한다고 안칩니까? 기도한다고 파도가 없어지겠어요? 어차피 바다를 건너야 하는 것이 나의 운명이라면 파도를 극복하는 길밖에 없습니다. 그렇다면 파도를 극복할 수 있는 길을 모색해야 하는데 그것은 배를 키우는 방법밖에 더 있습니까.

나무 역시 마찬가지 입니다. 가뭄이나 태풍은 연중행사와 같은 것… 기도를 한다고 태풍이나 가뭄이 안 옵니까? 그것을 극복하려니 나무가 뿌리를 깊이 내려야지 다른 길이 없습니다. 그래서 사막에 사는 식물들은 나름대로 그 세계에 적응하느라 뿌리를 깊이 내리지 않습니까?

여러분의 인생도 마찬가지입니다. 사람이 태어나는 순간 걱정은 삶의 도반입니다. 그러므로 그 걱정을 원망하거나 회피할 것이 아니라 뜻에 대한 신념으로 극복해야 하고, 그 걱정 속에서 가치를 발견해야 하는 것이 믿음입니다. 그래서 믿음이란 모든 사건과 사물을 가치 시 하는 정신을 의미하는 말입니다.

더운 여름을 원망하지 말고 이 더위는 나를 먹여 살리려는 하나님의 사랑이라고 생각하는 것이 믿음이라는 말입니다. 여름이 더워야 모든 곡식이 잘 성장하고, 여름장사가 잘 돼서 경제도 돌아갈 것 아니에요. 그것이 바로 여름더위에 대한 능치 못할 일이 없는 믿음입니다. 그런 생각이 바로 여름 더위로부터 구원을 받은 사람입니다. 여름이 달라진 것이 아니라 여름을 대하는 내 자세가 달라진 것입니다.

나를 축복하라

알고 보면 축복도 저주도 남이 하는 것이 아니라 제 스스로 하는 것입니다. 지금 자신의 삶을 대하는 감정을 체크해 보십시오. 자신의 삶을 원망하고 불평하십니까? 그렇다면 지금 자신의 삶을 스스로 저주하고 있는 것입니다. 어렵지만 자신의 삶을 감사하고 있습니까? 그렇다면 자신을 축복하고 있는 것입니다.

자신의 현실을 두고 "이것은 할 수 없어 라고 생각하거나 할 수 있을까" 하고 염려하는 것은 이미 그 일에 대한 자신감을 잃어버린 패배자의 자세입니다. 그러나 "나는 할 수 있어 될 수 있어" 하고 자신감을 갖는 것은 이미 그 일을 성취한 축복된 생각입니다.

이처럼 믿음이란 자신의 현실을 대하는 자세와 감정을 전환하는 것을 의미합니다. 그래서 본문에 아이의 부모님이 예수님에게 "제 믿음을 도와주소서." 하고 간청한 것에 주목해야 합니다. 거기에서 한 단계 더 나아가 사랑을 도와주소서하고 간청해야 합니다.

가장 축복된 삶은 타인을 용서하고 사랑하는 것이라면 가장 저주스러운 삶은 남을 심판하고 미워하는 삶인데 세상은 후자의 삶을 택하는 경향이 많지 않습니까.

세상은 못한 것보다 잘한 것이 많으니까 굴러가고 있고, 악한 사람보다 선한 사람이 많으며 병자보다 건강한 사람이 많기 때문에 살아서 움직이고 있는 것입니다.

국가 전체를 두고도 그렇지만 개인을 봐도 그래요. 그 사람에게 단점도 있지만 장점이 더 많다는 생각으로 그 사람을 보면 틀림없이 쓸 만한 사람일 것입니다. 반면에 단점이 더 많다는 생각으로 보면 도대체 쓸 만 한 구석은 하나도 없는 것이 인간의 요사스러운 눈입니다. 그러므로 축복된 마음과 눈으로 사람을 대하세요. 나아가 자신이 안고 있는 한 가지 걱정 그 자체도 하나님의 축복이라는 축복된 생각으로 대하신다면 분명히 하나님의 축복이 실현될 것이라고 생각합니다. 그래서 하나님께 사건을 부탁하지 말고 믿음과 사랑을 부탁할 때 그 사건에서 해방될 수 있을 것입니다.

한 씨에서 나온 화(禍)와 복(福)

미친 아들을 둔 아버지의 고민이 얼마나 컸겠습니까? 그 사람은 한 가지 고민을 가졌는데 그 고민 때문에 메시아를 만날 수 있는 동기가 주어졌잖아요? 그가 고민이 없었으면 예수님을 만날 이유도 없고, 다른 사람들처럼 먼발치에서 방관자로 있었을 것입니다. 그래서 걱정을 축복의 화두로 여기면 복으로 바뀐다는 것입니다. 전화위복(轉禍爲福)이라는 것은 화(禍) 그 자체가 복(福)이라는 말이 아니라 화(禍)를 어떻게 다루느냐에 달렸다는 것입니다.

아담이 뱀의 유혹을 받았을 때 갈등되었던 그 마음자리가 비약과 추락의 기로였지 않습니까? 하나님의 계명으로 나를 다스렸으면 선한 조상이 될 뻔 했는데 그 기로에서 불신의 조건을 세우므로 아담처럼 되지 말아야 한다는 인류의 반면교사(反面敎師)가 되어버렸던 것입니다. 가인 역시 자신의 제물을 열납 하지 않으신데 대한 분함을 하나님의 아픔으로 다스렸으면 부모의 범죄를 용서받을 수 있는 길이 열렸을 텐데 그 감정을 잘못 다스리므로 나락으로 떨어졌던 것입니다. 감정의 기로에서 만고의 효자가 될 수 있었으나 그 감정을 제대로 다스리지 못해서

천 길 낭떠러지로 추락한 것입니다.

복귀섭리 속에 왔다갔던 선지자들이 모두 그렇습니다. 섭리적인 성공을 거둔 이는 고민을 축복으로 여겼고, 실패했던 분은 한 가지 고민 앞에 감정이 주관 받았던 것입니다. 그러므로 화(禍)와 복(福)은 그 씨가 따로 존재하는 것이 아니라 같은 씨에서 방향을 달리했을 뿐입니다.

식물이나 동물은 처음부터 그 씨가 다르지 않습니까? 잡초 씨는 잡초 씨고 곡식의 씨는 곡식이며, 동물 역시 모든 동물의 종(種)이 그 씨를 달리합니다만 화복(禍福)의 씨는 한 씨에서 출발하며 병과 건강도 한 세포에서 출발한다는 것입니다. 그래서 마음을 잘 '먹어야' 된다는 것입니다.

흔히 '먹는다'는 말 가운데 나이나 마음이 있지 않아요? 나이도 잘 먹기 위해서는 마음을 잘 먹어야 됩니다. 마음을 잘 먹고 살아야 나이를 훌륭하게 먹어서 아름다운 나를 만들어 갈 수 있는 것입니다.

나이 들었는데도 모든 이에게 아름다운 언행을 하지 못하는 것은 나이를 잘못 먹은 것이지요. 상한 음식을 먹으면 건강을 해치듯이 악한 언행을 하면 마음의 병을 얻게 되는 것입니다. 마음과 나이는 같이 먹어간다는 것을 알아야 하겠습니다.

철이 없을 때는 보고 듣는 대로 마음을 먹을 수 있었겠으나 나이를 먹을 만큼 먹었으면 보고 듣는 것만으로 마음을 먹는 것이 아니라 모든 것을 덕(德)스럽게 보고 들을 수 있어야 하는 것입니다. 그렇게 될 때 화(禍)도 복(福)으로 바뀐다는 것입니다. 그것이 믿음을 가진 사람이 가져야 할 자세라는 것입니다.

쉬지 않고
쉬는 숨

쉰다는 말은 하던 일을 잠시 멈춘다는 말인데 죽는 날까지 쉬는 순
간이 없는 숨인데 '쉰다'고 하는 것은 의미 있는 표현입니다.

일은 하는 것이 하는 것이고 쉬는 것이 쉬는 것이지만 숨은 쉬는 것
이 하는 것이고 하는 것도 쉬는 것이라는 말입니다. 오히려 숨을 쉬지
(하지) 않는 것은 죽고 사는 문제와 직결되지 않습니까.

사람이 살아가는 것도 이와 같아서 자신이 하는 일을 힘든 노동으로
만 생각할 것이 아니라 쉬듯이 해야 한다는 말입니다. 돈벌이만을 위한
일은 피곤에 묻혀서 하지만 본성이 기뻐서 하는 일은 그 일로 말미암아
얻어지는 기쁨으로 피곤을 이기는 것 아닙니까. 사랑하는 이를 위하여
하는 일이 일이겠습니까.

봄놀이나 단풍놀이를 가는 것은 분명 피곤한 일인데도 쉬려 간다고
하는 것과 같이 본성이 기뻐하는 일을 하는 사람은 그 일이 자신은 물

론 모든 이에게 평화를 가져다주는 것이라서 일 자체가 행복일지언정 오히려 그 일을 하지 않는 것이 피곤한 것입니다.

자신의 분야에서 대성한 이들이 갖는 공통점이 억지로 한 것이 아니라 좋아서 그 일을 했다는 것입니다. 그래서 긍정과 가능과 감사하는 마음이 없는 사람은 발전을 기대할 수 없는 사람입니다. 비전을 가진 사람은 죽음의 터널 속에서도 생명의 빛을 찾아내지만 비전을 갖지 못한 사람은 대명천지에서도 길을 찾지 못합니다.

건강하다는 것은 숨을 쉰다는 의식이나 밥숟가락을 셀 정신도 없이 먹어야지 숨을 쉬고 밥을 먹는 것이 노동으로 여겨진다면 뒷동산이 가까운 사람 아닙니까.

마찬가지로 본성이 기뻐할 일을 하면서 힘들다고 말하는 사람은 숨쉬기가 힘들어 하는 중환자와도 같아서 마음의 길을 가는 사람이라고 할 수 없습니다.

옳은 일과 옳은 길을 가는 사람은 그 일을 통하여 가치와 의미를 발견하기 때문에 일이 일로 느껴지는 것이 아니라 의로운 결과에 대한 설레임으로 해야 하지 않겠습니까.

오늘도 숨을 쉬듯이 일을 하셨습니까.

가쁜 숨을 쉬듯이 일을 하셨습니까.

그 일을 하기 전에 내 마음부터 살펴야 할 일입니다.

어떤 이

어떤 이가 이것을 해야 하는지 말아야 하는지를 놓고 고민인지 불평인지도 모를 말을 하기에 어차피 하려거든 감사한 마음으로 하고 하지 못할 형편이면 불평이라도 하지 말라고 말해주었습니다. 가장 어리석은 것은 하면서 불평을 앞세우거나, 하지 못하면서 불평을 하는 사람입니다. 지금 내가 그 일을 놓고 망설이는 것은 형편 때문일 수도 있지만 그것보다 더 근본적인 것은 마음이 없어서가 아닙니까.

지금까지 해 왔던 모든 행위들은 그것을 할 수 있는 형편이 되어서 한 것들도 있었지만 때로는 형편이상의 것도 할 수 있었던 것은 그것을 해야 되겠다는 마음이 있어서였을 것입니다.

그 일에 대한 사랑을 앞세우면 형편을 넘어서고 이성(理性)만을 앞세우면 형편이 나를 가로막습니다. 자식이나 사랑하는 이를 위한 일이라면 형편 이상으로 해 주고 싶어 하지 않습니까.

김 구 선생의 일화가 생각납니다. 일경에게 심한 고문을 당할 때마다 "이놈들이 남의 나라를 도적질 하면서 이렇게 발악을 하는 것을 보니 이제 망할 때가 가까웠구나" 하는 생각에 회죽 회죽 웃음이 나오더라는 것입니다. 어디 선생뿐이겠습니까. 예수는 자신을 죽이는 자들의 만행을 보면서 이스라엘의 불행한 미래를 보고 그들의 후손을 걱정(눅 23:28)했습니다.

대부분의 사람들은 고통스러운 상황에 주관 받아 자신의 현실에 굴복하지만 마음의 정상에 이른 분들은 고통 너머의 역사를 보면서 그 고개를 넘어 갔던 것입니다.

쓴 약을 꾸역꾸역 먹는 것은 약봉지 너머의 건강을 생각하기 때문이고, 수술대에 오르는 것도 수술 너머의 날을 기다리는 마음 때문이듯이 형편을 넘어서까지 의로운 일을 하려는 것도 그 고개를 넘어서는 순간 하늘과 정들어 있을 자신에 대한 설레임으로 해야 하는 것 아닙니까.

잠이 없어서 철야 기도를 하고, 돈이 남아서 헌금을 하고, 밥맛이 없어서 했던 금식이 아니지 않습니까. 때로는 하고 싶은 것을 하지 않고 하기 싫어도 했던 것은 그것이 하늘과 가까워진다는 믿음 때문이었던 것처럼 지금 망설이고 있는 그 일도 그러한 것입니다.

안 쉬어도 될 숨을 쉬는 것이 아니요 안 먹어도 될 밥을 먹는 것도 아닌 것처럼 안가도 될 길을 가는 것이 아니라면 가벼운 발걸음이어야지 끌려가서는 안 됩니다. 가야 할 길을 가면서 불평을 입에 달고 가면 가도 가는 것이 아니라 제자리걸음이거나 오히려 퇴보하는 것이 마음의 길입니다.

진정 그것을 할 수 없는 형편입니까. 그렇다면 송구스러운 마음을 눈물에 담아 하늘에 바치면 됩니다. 하늘의 사정과 심정이 녹아있는 내 눈물을 보석처럼 여기시는 하늘이라는 것이 고마운 일 아닙니까.

거짓된 자는 행위의 결과만으로 사람을 평가 하지만 하늘은 행위 너머의 마음을 살피신다는 믿음을 놓치지 않는다면 불평할 일이 없지 않겠습니까. 하고 못하고에 너무 집착할 일이 아니라 그 일에 대한 내 마음과 자세가 어떠하냐를 놓고 하늘은 나를 상대 하시는 것입니다.

지금 무엇을 망설이십니까.
그 일이 문제가 아닙니다.
망설이는 내 마음이 문제입니다.`

내 몸 같은 이웃
이웃 같은 내 몸

스스로를 높이면 남이 나를 낮게 보고 스스로를 낮추면 남이 나를 높게 본다는 것을 모르는 이 없으면서도 누구나 낮아지기를 싫어하는 것을 보면 철이 든다는 것이 나이와는 상관이 없는 가 봅니다.

사람 이외의 것들은 올라가야 높아지지만 사람은 낮아지지 않고서는 높아질 수 없다는 것이 만고불변의 진리라는 것을 알고 그렇게 살아지는 날이 인생을 달관한 날 아니겠습니까.

하늘이 하늘에만 있지 않고 땅과 하나이듯이 하나님 역시 사람을 자신의 형상이라고 하신 것은 사람을 피조물로 여긴 것이 아니라 스스로 내려오셔서 자신을 인간화하고 인간을 신성화하므로 인간의 신(神)이 되었으며, 예수 역시 하늘에서 왔으면서도 스스로 죄인의 벗으로 낮아져서 성인(聖人)이 되었습니다.

꽃을 보고 감탄하는 것이야 누구나 하는 일이지만 죽어서까지 햇빛

한번 보지 못하고 아래로만 내려가야 하는 뿌리의 수고를 잊어서야 되겠습니까.

한날한시에 씨앗에서 돋아난 줄기와 뿌리가 영원히 만날 수 없는 반대의 길을 가면서도 서로가 서로를 만들어주지 않습니까. 뿌리가 없이 줄기가 올라갈 수 없고 줄기가 없이 뿌리가 내려갈 수 없습니다. 서로가 서로를 존재케 하는 것이 존재의 괘라는 것을 알면 너와 나 역시 그러한 관계라서 너를 나처럼 여겨야 하는 것이었습니다.

하나님이 모든 피조물을 창조하신 분이라서 그분만을 찬양해야 하는 것입니까. 걸친 옷과 먹거리들 그리고 내가 누리고 사는 모든 것들 역시 한 번도 만난 적이 없는 그 누군가의 손길에 의한 것이라는 것을 고맙게 여기고 살아야 하는 것이 인생입니다.

이웃이 내 몸을 위하여 그렇게 준비해 두었으니 "이웃을 네 몸"(마 22:37) 같이 여기는 것이 곧 하나님을 사랑하는 것이라고 가르친 것이며 이 말은 곧 "네 몸을 이웃"처럼 여기고 살라는 말이기도 합니다.

　　이웃입니까.
　　내 몸입니까.

그 사람 알아?

　'그 사람 알아'로 시작된 대화가 좀처럼 끝날 기미가 보이지 않습니다. 사람들은 시간가는 줄 모르고 '그 사람'에 관한 이야기를 하지만 내가 아는 그 사람이 그 사람의 전부이겠습니까. 남이 말하는 그 사람이 그 사람의 전부이겠습니까. 일모(一毛)를 황우(黃牛)로 여기는 것은 아닙니까. 일모(一毛)는 일모일 뿐 황우(黃牛)가 아닙니다. 나도 내가 왜 이렇게 살아야 하는지를 모르는데 다른 이가 나를 어떻게 알겠으며 나 역시 다른 이를 어떻게 알겠습니까.

　지나고 보니 죽인 자들이 말했던 예수가 그런 예수가 아니었고, 사람들이 말했던 그 사람이 그런 사람이 아니었던 적이 한 두 번이었습니까. 사람이 사람을 말한다는 것처럼 조심스러운 것이 없는데도 가장 쉽게 말해 버리는 것이 사람에 관한 것입니다.

　가인과 아벨이 서로의 마음을 알았으면 살육이 있었을 리 없고, 가까운 사람끼리도 서로의 마음을 알았으면 비극도 없었을 것입니다. 몰라서 그렇게 했으면서도 그에 관한 것을 다 알고 그렇게 했어야만 했다고 억지를 부리는 것은 아닙니까.

하늘이 사람의 마음을 안다고 하지만 사람이 하늘의 마음을 알지 못하는 한 하늘도 어쩌지 못하는 것이 인간세계 아닙니까. 결국 사람이 사람의 마음을 알아야 얽히고설킨 실타래가 풀려질 수 있다는 결론에 도달하게 되는 것입니다.

사물에 대한 완벽한 해답을 얻었다는 이론도 우주의 언저리에 불과한 것이듯 그 사람에 관한 것도 그러하며, 사진으로 본 지리산을 지리산의 전부라고 말하는 것처럼 그 사람을 안다는 것은 그 사람의 이름과 모양 뿐 그 사람의 마음이 아닙니다. 가장 가깝다는 가족끼리도 알 수 없는 것이 마음인 것을 보면 사람의 마음을 안다는 것은 하나님을 아는 것만큼이나 쉽지 않은 것입니다.

사람들이 하나님을 알려고 별짓을 다 하지만 곁에 있는 이의 마음은 알고 사는지요. 하늘의 마음을 알기 위하여 신앙하는 것이 아니라 사람의 마음을 알기 위하여 신앙하는 것입니다. 같이 살아도 모르는 것이 마음이며 마음에 있는 말을 말해도 못알아 듣는 것이 마음인데 그 사람을 다 아는 양 어찌 그리도 쉽게 말하는 것입니까.

몸은 마음을 담는 최소한의 그릇이며 말은 마음을 표현하는 최소한의 수단일 뿐 언행은 마음 그 자체가 아닌데 언행만을 두고 그 사람의 모든 것을 예단하는 성급함은 삼가야 됩니다.

말을 못하는 이나 우는 아이의 마음은 읽으려고 애쓰면서도 말을 하는 이 끼리는 마음을 읽으려 하지 않고 말로 해결하려다가 결국 마음을 놓치는 우를 범하고 사는 것이 우리의 일상이지 않습니까.

남을 말하는 것은 마음대로 하면서 내 입을 다스리는 것은 내 마음대로 되지 않으니 돈을 단속하는 것만큼이나 마음을 단속하고 살아야 할 일입니다. 돈을 단속하는 것에는 치밀하면서도 마음을 단속하는 일에는 소홀한 것을 경험하면서 스스로가 마음의 사람이 아니라는 것을 깨쳐야 하지 않겠습니까.

예수가 예수 된 것은 언행 너머의 마음을 알았다는 것이고 범인(凡人)이 범인 된 것은 그 사람의 언행(言行) 이상을 보지 못한다는 것입니다. 이제 그 사람에 관한 말은 그만해야 하겠습니다. 그 사람에 관한 것을 아는 것이 없으니까요.

아는 것이 아닙니다.
아는 체 하는 것입니다.
안다고 착각하는 것입니다.

지금이 처음입니다.

처음으로 돌아가고 싶습니까.

'지금 여기'가 아닌 또 다른 처음이 있습니까.

지금 하는 호흡이 처음 호흡이고 아침에 일어남이 언제나 첫날 아닙니까. 생명에는 처음이 아닌 묵은 것이라곤 없습니다. 생명이 그러한 것처럼 우리네 삶 역시 처음으로 돌아가자는 말이나 초심을 잃지 말자는 말을 함에 있어 스스로가 그 의미를 알고 하는 말인지를 숙고해야 할 말입니다.

무슨 단체든지 그 단체가 추구하는 가치관은 처음과 끝이 다를 수가 없습니다. 예컨대 종교가 추구하는 하나님의 나라나 극락정토와 같은 것이 시대적인 변천과 더불어 달라질 수가 없고, 정치 역시 백성을 위한 정치여야 한다는 가치관이 달라질 수 없다는 말입니다. 가치관이라고 하는 것은 뿌리와 같은 것으로써 가치관이 흔들리게 되면 그것은 곧 나무의 뿌리가 흔들리는 것과 같은 것으로 그러한 단체는 존재의 근간이 흔들리게 됩니다.

정원사가 나무의 가지는 손질하지만 뿌리를 손질하는 법이 없는 것처럼 때와 장소에 따라 방법론을 달리할 수는 있어도 가치관이 흔들려서는 안 된다는 말입니다.

그렇다고 가치관에 비하여 방법론을 가벼이 여겨도 된다는 말은 아닙니다. 어쩌면 가치관 못지않은 것이 방법론이라고 할 수 있는바, 아무리 탁월한 가치관이라 하더라도 방법론이 세련되지 못하면 그 가치관이 실현되기는커녕 오히려 왜곡될 가능성이 많기 때문입니다. 방법이 세련되면 가짜도 진짜처럼 파는 이가 있지만 방법이 서툴면 진짜를 팔면서도 가짜로 취급받는 경우가 허다합니다.

가치관의 처음은 '출발할 때' 그때가 처음이지만 방법론의 처음은 언제나 '지금 여기'가 처음이어야 합니다. 예수의 사상은 예수가 말씀할 때 그때부터 지금까지 변한 것이 없지만 예수의 사상을 펼치는 것은 시대와 장소 그리고 대상에 따라 그 방법을 달리해 왔기 때문에 기독교가 세계화 될 수 있었던 것입니다. 그러므로 이 시대에 처음을 말 하려면 21세기적인 의식에 걸 맞는 방법론이어야지 향수에 호소하는 낭만적인 처음을 이야기 하는 것은 스스로도 현실을 파악하지 못하고 하는 말입니다.

21세기적인 의식에 유의해야 할 것은 사회변화주기에 대한 의식입니다. 과거 농경사회시대에서의 사회변화주기가 '세기'였다면 산업화시대는 '년 월'이었고 첨단 정보화시대는 '시 분 초'를 다투는데 농경사회시대나 산업화시대의 의식으로는 그 무엇도 변화시킬 수 없다는 것입니다.

사람들이 나무를 보는 것은 뿌리가 아니라 드러난 모양이나 꽃이듯이 사람들을 사로잡는 것은 탁월한 가치관과 더불어 그것을 포장하고 있는 세련된 방법론이라는 것을 놓치면 안 된다는 말입니다.

앞서가는 기업이나 단체는 변화에 능동적으로 대처하는 것을 넘어 변화를 주도하지만 퇴보하거나 답보상태에 있는 기업이나 단체는 변화 자체를 두려워하거나 주변 환경의 변화를 감지하지도 못한 채 과거의 향수에 붙잡혀 있다는 것인데 그것이 바로 절대 권력이 갖는 함정입니다.

올라 갈수록 변화에 피동적이거나 변화를 두려워하는 것은 기득권에 대한 미련 때문이고 내려 갈수록 변화에 주도적인 것은 잃어버리거나 더 내려갈 곳도 없다는데 있습니다. 그래서 민주주의적인 세련된 방법론이 등장하게 된 것입니다.

독재 권력은 빼앗기지 않는 한 내려올 수 없고 빼앗지 않는 한 올라갈 수 없는 자리이지만 민주적인 절차라는 것은 굳이 피를 흘리지 않고서도 자연스럽게 오르내릴 수 있는 것은 합리적인 제도와 시스템이 있기 때문입니다.

알고 보면 체제의 실력을 평가하는 합리적인 기준은 그 단체의 근간인 철학이기도 하지만 그 철학을 일반화시킬 수 있는 시스템에 있다는 것입니다. 그래서 선진국이나 일류기업이 될 수 있는 것도 합리적이고 효율적인 시스템에 있다는 것입니다. 여기에 비하여 후진적이거나 비루한 단체일수록 시스템화 되어있지 않다는 것이며 그래서 절대 권력은 분열하게 되어있고 부패하게 되어있다는 것이 역사의 교훈입니다.

시류의 변화라는 것은 밤낮이나 계절과도 같은 것… 때가 되면 자연스럽게 요구되는 변화의 조류를 긍정하고 수용하는 것이 지도자의 의무가 아니겠습니까. 잠든 적도 없는 자를 깨우려 하지 말고 시류를 읽지 못하는 스스로의 의식에서 깨어나야 한다는 말입니다.

포커 페이스

동물들은 필요한 것만 가질 뿐 더 갖고자 하는 과욕이 없어서 굳이 또 다른 얼굴로 살아갈 필요가 없습니다. 그러나 인간은 필요 이상의 것을 가지려는 욕망을 다스리지 못해서 포커페이스를 하게 됩니다.

목마름은 물 한 사발로 해갈이 되지만 욕망이라는 갈증은 먹기 전보다 먹은 후에 더 갈증을 느끼는 것이라서 채워지지 않는 그 그릇을 채우기 위하여 무리수를 두거나 진실을 버려야 하는 것입니다. 정도의 차이는 있겠지만 포커페이스에 능하지 않고서는 언제나 먹이사슬의 하위권에서 맴돌 수밖에 없는 것이 인간세계의 아름답지 못한 진리 아닙니까.

얼굴가죽 밑의 마음과 표정이 같은 이가 몇이나 되겠습니까. 대부분의 사람들은 자신의 마음을 얼굴가죽 밑에 감춘 채 마음을 다 표현하지 않고 살아간다는 말입니다. 그래서 진실한 사람일수록 마음과 같은 표정으로 살아가야 하기 때문에 힘든 삶을 사는 것입니다.

노틀담의 곱추나 달마의 해괴한 형상을 보는 이 마다 불편해 했지만 그들의 마음을 보는 순간 평화를 느끼는 것을 보면서 그 마음이 얼굴로 나타날 수 있었다면 얼마나 아름답고 성스러웠을까를 생각합니다. 진실을 잃어버린 이들의 화려하고 우아한 미소 아래 감춰진 마음이 얼굴로 표현 된다면 얼마나 흉하겠습니까. 마음이 얼굴로 표현 되어도 전혀 이질감이 없는 사람이 되고 또 그런 세상을 만들어 보자는 것이 종교인데 그것이 가능 하기는 한 것인지…

이승에서는 마음을 가죽 밑에 감춘 채 온갖 허세로 살아갈 수 있지만 저승은 가죽 밑의 마음이 얼굴이 되어서 살아가야 하고 또 그 마음이 자신의 환경으로 창조 되는 곳이라서 걱정이지 않습니까.

자신의 그림자를 떼어낼 재간이 없듯이 이승에서의 삶의 족적이 저승까지 가감 없이 동행하기 때문에 자신의 삶을 잘 가꾸어야 하는 것입니다.

혹자는 자신이 믿는 종교를 통하여 한 순간에 모든 문제가 해결되리라고 생각하지만 일생동안 새겨놓은 마음의 얼룩이 단순한 의식과 말 한마디로 백지장이 될 수 있다는 염치없는 믿음에서 일생을 성실하게 살아야 할 이유를 찾을 수 없고, 또 그렇게 산 사람은 얼마나 억울한 일입니까.

내가 실체라면 나의 삶은 나의 그림자로써 평생을 나와 동행하다가 내가 삶을 다하는 날 실체라고 생각했던 몸은 그림자로 사라지고 그림자라고 생각했던 내 삶의 흔적이 내 실체가 되어 영생을 시작하는 것입니다. 어디 그 뿐입니까. 나의 후손은 나의 그림자가 반영되어서 태어나는 또 다른 그림자의 실체라는 것입니다. 그래서 실체가 그림자를 만들고 또 그 그림자는 실체를 낳는 것을 반복하는 것이 우주생명의 원리였습니다.

아담의 그림자가 노아라는 실체를 낳았고 아브라함, 모세, 예수… 모두 아담의 그림자에 의한 실체였던 것이 역사의 현실이었습니다.

이것은 자연계의 경우에도 예외가 없어서 공기가 물이 되더니 물이 또 기화(氣化)되면서 공기가 되기도 하고, 에너지가 물질이 되더니 그 물질이 원소분해 되면 또다시 자연의 에너지로 돌아가는 것이라서 에너지가 오염되면 오염된 실체를 낳는 것입니다. 원료가 불량이면 제품도 당연히 불량품일 수밖에 없는 것처럼 우리네 인생도 그러한 것 아니겠습니까.

포커페이스는 도박판에서나 필요한 것… 도박이 아닌 인생인데 마음과 다른 얼굴로 살아가면 어쩌자는 것입니까. 지금이라도 가면이란 가면은 다 내려놓고 마음으로 살고 싶습니다.

"겉 희고 속 검은 이 너(나)뿐인가 하노라…"
이색의 시가 나를 채찍 하는 아침입니다.

섬겨야 할 마음

우리가 흔히 생명(生命)이라는 말을 많이 씁니다만 생명은 어떠한 부위를 일컫는 말입니까? 눈이나 귀나 위장과 같은 장기는 그 부위를 짚을 수도 있습니다만 생명의 부위를 짚으라고 하면 짚을 사람은 아무도 없을 것입니다.

눈은 인체의 일부지만 생명은 몸 그 자체이며 생명을 생명 되게 하는 이 우주 자체이기도 한 것입니다. 생명은 어떤 부위가 아니라 모든 부위가 생명의 일부라는 말입니다. 그래서 천하와 생명을 바꿀 수가 없는 것입니다.

마찬가지로 마음 마음 하는데 마음은 도대체 어디에 있으며 그 마음은 도대체 언제부터 생긴 것입니까? 마음은 언제라는 시간과 어디라는 공간으로 설명될 수가 없는 것입니다. 마음이 되게 하는 상대만 있을 뿐 마음 자체는 볼 수 없는 것입니다.

내가 1956년생이면서도 천지창조에 관한 것에 관심이 있고, 다가오지도 않은 미래에 대한 상상력을 갖는 것을 보면 마음은 태어남과 죽음이라는 시간 권 안에서 이해될 것도 아니고, 지금 이 자리에 있으면서도 상상력이 미치지 않는 공간이 없는 것을 보면 마음이라는 개념을 어느 한 공간성 아래서 이해할 수도 없다는 것입니다.

과학 다큐멘터리 인체의 신비에서도 인체의 구조가 언제부터 형성되기 시작하는가에 대한 촬영은 했지만 마음이 언제부터 어떻게 형성되기 시작하는가에 대한 것은 촬영된 바가 없습니다.

알고 보면 마음이 언제와 어디에 있는 것이 아니라 어디와 언제가 마음의 일부로서 마음 안에 있다는 것입니다. '어디'에 가서 그 어디를 마음에 담아오잖아요? 설악산 관광을 가서 설악산을 마음에 담아 오잖아요? 그리고 '언제'라는 시간도 마음에 고스란히 담아버리지요.

몸은 과거라는 시간과 이별을 하고 왔지만 마음은 과거를 고스란히 담고 있고, 몸은 공간과도 이별하고 왔지만 마음은 공간과의 이별이 없이 낱낱이 새겨 놓습니다. 그리고 몸은 미래에 가야 미래를 만날 수 있지만 마음은 지금이라는 시간 중에서도 미래를 계획하면서 미래와 만날 수도 있으니 시간과 공간을 초월하는 것입니다. 또한 몸은 과거로 돌아가서 다시금 젊어질 수 없지만 마음은 언제나 청춘으로서 나이를 먹지 않습니다. 이혼을 하면 몸은 만나지 않지만 마음은 언제나 내 속에 과거가 있는 것입니다.

이처럼 몸은 공간의 이동이 있고 시간의 흐름이 있지만 마음은 여기와 저기가 없고 과거와 미래가 없이 존재 그 자체가 마음이며 순간 그자체가 마음입니다. 그래서 마음에 아름다운 추억을 남겨야 합니다. 즉 좋은 시간과 공간을 담아야 한다는 말입니다. 몸은 태어날 때 이미 그 모양과 구조를 가지고 태어나지만 마음은 후천적인 삶의 경험을 통하여 자신이 만들어 가는 것이기 때문입니다.

가꾸어야 할 마음

무엇이든지 모양과 내용은 언제나 동행하는 것입니다. 과일도 모양이 좋아야 하고 맛과 향도 좋아야 하지 않습니까? 모양은 나쁘고 맛만 좋아도 안 되고, 모양은 좋은데 맛이 없어도 상품가치가 없습니다. 마찬가지로 사람 역시 몸은 모양이라면 마음은 내용입니다. 그래서 몸도 건강하게 가꾸어야 하지만 더불어 마음도 잘 가꾸어야 하지 않습니까? 그런데 몸을 가꾸는 데는 처절한(?) 몸부림을 치면서도 마음을 가꾸는 데는 관심이 없으니 안타까운 일이지요.

온갖 해괴한 화장품으로 분장을 하더니 이제는 젊은이는 물론 늙은이들까지 성형수술을 하면서 위장(?)을 합니다. 보석으로 모자라서 온몸을 명품으로 치장하는 것도 모자라 몸 짱이라고 해서 몸을 위해서라면 별짓을 다합니다. 나이를 먹으면 주름과 백설은 자연스러운 것인데 그것을 없애려고 별 지랄을 다합니다.

여러분은 이제 하나님을 모셨으니 마음을 가꾸려고 노력하는 아름다운 삶을 사시기 바랍니다. 모든 시간과 공간이 내 마음 속에 있으니 그 모든 시간과 공간을 존중하고 사랑해서 자신의 마음을 거룩하게 가꾸어 가야 되겠습니다.

사람의 마음을 하나님의 성전(고전3:16)이라고 했잖아요? 오늘 봉독

한 본문(요14:9~눅17:21)에서도 하나님이 내 안에 있다고 했고, 하나님의 나라도 내 마음 속에 있다고 하셨잖습니까?

내가 아버지 안에 있다는 말은 아버지와 내가 하나라는 일체의 의미이기도 하지만 내가 아버지의 일부이기도 하다는 말이며, 역으로 아버지가 내 안에 있다는 말은 아버지가 나의 일부일 수도 있다는 말입니다. 대부분의 사람들은 내가 하나님의 일부라는 말에는 공감 하지만 하나님이 나의 일부라는 말에는 공감이 되지 않을 수도 있겠지요. 그러나 하나님과 나와의 관계를 창조주와 피조물의 관계로 이해하지 말고 부자지간이라는 사랑으로 이해를 해 보세요. 그러면 이내 이해가 될 것입니다. 사랑의 세계는 극(極)에서 극(極)으로 직통할 수 있는 것입니다.

군신(君臣)지간으로는 어떠한 경우도 그 위치가 뒤바뀔 수가 없지만 사랑이라는 것을 매개로 하면 임금과 무수리도 그 위치가 평등해질 수 있는 것입니다.

하나님의 나라도 그렇습니다. 공간적으로 생각하면 '나라'가 얼마나 큰 것입니까? 그런데 그것이 내 마음 속에 있는 것입니다. 어디 나라뿐이겠습니까? 세계와 우주도 내 마음 속에 있는 것을… 몸은 나라 안에 있지만 마음은 나라를 품고 갈 수도 있는 것입니다.

홈칠 수 없는 마음

마음이라는 것이 이렇게도 성(聖)스럽고 선(善)하며 높고 크다는 것입니다. 그래서 마음은 그 무엇과도 비교할 수 없고 대체할 수도 없으며 대신할 수도 없는 것입니다.

　돈이나 지식은 빌릴 수도 있습니다. 나는 배우지 못했어도 타인의 머리를 빌려서 일을 대신하게 할 수 있지 않습니까? 때로는 생명도 일부나 일시적으로 빌릴 수 있다는 것입니다. 장기이식을 통해서 생명도 연장하지 않습니까? 그러나 내 마음은 어느 누구도 대신할 수 없고 대체할 수도 없는 것입니다.

　상처받은 몸은 나 아닌 의사에게 치료받을 수 있지만 상처받은 내 마음은 자가 치료가 아니면 안 되는 것입니다. 내 마음을 강제로 빼앗아 가거나 훔쳐갈 수 있어요? 도둑놈이 들어와서 돈이나 패물을 훔쳐갔다는 말은 있어도 마음을 훔쳐 갔다는 말은 없습니다. 그리고 마음을 사고 팔수도 없습니다. 마음은 내가 자발적으로 주지 않는 한 어느 누구도 빼앗아 갈 수가 없는 것입니다. 하나님도 내 마음을 마음대로 가져갈 수 없는 것입니다. 내가 마음의 문을 열고 상대방을 받아들여야만 내 마음 속으로 들어올 수 있는 것입니다.

　마음을 잘 가꾸면 신(神)과 같이 될 수도 있지만 마음을 잘못 가꾸면 인간 이하로 떨어지는 것이 인간의 마음입니다. 그래서 예수님이나 부처님 같은 이들은 마음을 잘 가꾸어서 숭배의 대상이 된 것입니다. 이러한 것은 그 분들만의 전유물이 아니라 인간이면 누구나 도달해야 할 보편적인 정신세계라는 것을 알아야 합니다.

　빈부(貧富)에 대한 것만 해도 그렇습니다. 사람들은 눈에 보이는 부와 권력으로 그 사람의 빈부를 평가하려 하지만 그것은 모두 상대적인 것일 뿐입니다. 진정한 빈부는 마음에 있다는 것을 모르고 하는 말입니다. 지금 여러분의 마음에 평화와 희망이 있습니까? 그러면 진정한 부자일 테고, 마음에 불평과 불화와 절망이 있습니까? 그렇다면 여러분은 가난한 사람입니다.

이 세상에서 가장 강한 자는 사랑과 용서를 할 수 있는 사람이고 가장 약자는 증오와 심판을 일삼는 사람입니다. 용서와 사랑이 창조라면 복수는 파괴를 가져올 뿐입니다.

본성의 울림

그러한 의미에서 예수님은 유사 이래 최고의 부자이면서 가장 강한 분이었습니다. 억울한 죽음 길을 가면서도 원수를 용서하고 사랑했으니 그보다 더 강한 분이 어디에 있겠습니까? 나아가 죽음의 자리에서도 아버지를 걱정하고 범죄 한 이스라엘의 장래를 걱정했으니 사랑의 승리자라고 하지 않을 수 없는 것입니다. 그리고 죽음의 자리에서도 부활의 희망을 놓치지 않았으니 죽음을 주관한 분이었습니다.

그렇다면 예수님은 어떻게 그럴 수 있었겠어요. 그것은 자신의 마음을 제대로 섬겼다는 것입니다. 즉 자기 마음속에 울리는 본성의 울림을 존중하고 섬겼다는 것입니다.

사람은 누구나 자기 속에 본성의 울림이 있습니다. 자식의 마음속에 부모의 음성이 울려오고, 남편의 마음속에는 아내의 마음이, 아내의 마음속에는 남편의 마음이 울려옵니다. 그래서 그 울림을 존중하고 섬기면 잘못된 길을 갈 수가 없고 화목하지 않을 수가 없습니다. 그런데 그 본성의 울림을 무시하고 행하므로 슬픔과 불행이 오게 되는 것입니다.

아담과 해와가 하지 말라는 행동을 할 때 그들의 마음이 편했겠어요? '하지 말라고 했는데 하지 말라고 했는데' 하면서 불안을 안고 행했던 것입니다. 자기 속에 울려오는 본성의 울림을 생명 시 했으면 잘못될 이유가 없는 것입니다.

사람의 마음이 선과 악에 반응하는 것이 얼마나 민감해요? 자신의 행동에도 스스로 민감하게 느끼지만 타인의 선악에 대해서도 민감하게 반응하는 것입니다. 선하고 의로운 사람에 대한 뉴스를 볼 때나 추악한 사건에 대한 뉴스를 볼 때 여러분의 마음이 반응하는 내용이 전혀 다르지 않습니까? 선하고 의로운 것에 대하여서는 반갑게 반응하고, 불의에 대하여서는 불쾌하게 반응하는 것이 곧 내 속에 울리는 하나님의 마음입니다.

이처럼 내 속에 내재한 본성의 울림을 깨우쳐서 강화시켜주려는 것이 종교교육이고 신앙입니다. 환자에게 항생제나 보약을 먹이는 것은 내 속에 있는 저항력을 길러서 건강을 되찾아 주려는 것이지 언제까지나 약 봉지에 얽매여 있으라는 것이 아닙니다. 스스로의 저항력만 갖게 되면 밥 그 자체가 보약이며 항생제 아닙니까? 약봉지를 버리려고 약을 먹는 것처럼, 종교라는 것은 언젠가는 버려야할 것들입니다. 스스로 내 본성의 울림을 쫓아 마음을 섬길 수 있는 날이 종교를 버리는 날이 될 것입니다.

소위 광신도들은 무속과 같은 것을 미신이라고 치부하지만 나 밖의 무엇인가를 믿고 의지하는 것 자체가 미신이에요. 하나님을 비롯한 성현들을 숭배하는 그 자체가 미신이라는 것입니다. 신앙이 성숙해지면 내 안에 있는 하나님의 음성을 숭배하고 섬기게 되어있는 바 그것이 바로 성약의 신앙이라는 것을 기억하고 살아야 되겠습니다.

기도

　아버지와 다르지 않은 나를 가지고 있으면서도 아버지의 마음과 다르게 살아가야 하는 처량한 신세를 자탄할 수 있는 자신이 되지 않고서는 자기를 찾았다고 할 수 없다는 것을 아는 오늘이 되게 도와주시옵소서.

　아픈 줄 아는 이는 치료를 받을 수 있는 가능성도 있지만 중증환자이면서도 아픈 줄도 모르는 이는 죽음을 향하여 치닫고 있는 자신을 방치하고 있는 것과 같은 것이 나락으로 떨어진 인간의 신세라는 것을 알아야 하겠고, 그것을 깨우쳐 주시기 위하여 수고해 오신 아버지의 발자취가 곧 지나간 역사였다는 것을 알아서 나를 향한 아버지의 눈물이 내 눈에서도 흘러넘치지 않고서는 불효를 씻을 길이 없다는 것도 알 수 있는 날이 오게 도와주시옵소서.

　알고 보니 아버지가 나를 용서한다고 해도 아버지를 향한 불효를 덮고도 남을 만한 효를 다하지 않고서는 내 스스로 나를 용서할 수 없다는 것이 천지의 법도라는 것을 아오니 아버지를 향한 효심이 내 속에서 발동할 수 있게 도와 달라는 염치없는 부탁을 날마다 간청하옵니다.

자식을 향한 아버지의 소원은 까마득히 잊은 채 자신의 소원만을 붙잡고 아버지에게 호소하는 것이 신앙인양 생각하는 미숙함에서 벗어나 아버지의 소원을 품고 자신을 채찍 하는 것이 아버지를 모시고 사는 자식의 도리라는 것을 사무치게 느낄 수 있게 도와주시옵소서.

오늘도 아버지께서 태초로부터 내게 심어놓으신 아버지의 마음을 지극정성으로 섬기고 순종해서 내 안에 계신 아버지의 마음으로 모든 것을 동감할 수 있기를 소망하며 기도 올렸사옵니다. 아멘

네 믿음이
너를 죽였느니라.

네 믿음이 너를 구원했느니라.(누가18:42)
예수의 말입니다.

이 말씀을 이루기가 쉽다고 생각하십니까. 어쩌면 "네 믿음이 너를 죽였느니라."는 말이 더 합리적인 말일지도 모를 일입니다. 여호와를 믿는 믿음이 여호와의 아들을 죽였고, 여호와의 아들을 믿는 그 믿음이 또 그러한 행위를 반복하고 있지 않았습니까. 그때마다 '하나님의 뜻'이라는 명분을 앞세웠지만 대부분의 경우 자신의 추한 모습을 감추기 위한 명분이었거나 하나님의 뜻이라고 믿는 착각에서 비롯된 경우가 많았던 것이 역사가 남긴 흔적입니다.

믿음이 자라서 불신을 낳았고, 생명이 자라서 사망을 낳았던 과거지사가 나와는 상관이 없는 일들이라고만은 할 수 없습니다. 이 순간에도 내가 배운 것들로 인하여 누군가를 버려야 하고 담을 쌓고 살아가고 있지는 않습니까.

나를 살리는 생명도 내 속에 있지만 나를 죽게 하는 사망도 내 속에서 자라고 있습니다. 쇠와 녹이 다르지 않은데 녹이 쇠를 먹어 치우고, 고목나무의 곰팡이가 결국 고목나무를 쓰러뜨리듯이 나를 죽게 하는 세포 역시 내 밖에서 들어간 것이 아니라 내 살과 피가 그렇게 된 것처럼 내 영혼의 생사문제도 나 밖의 문제가 아니라 내 스스로의 문제라는 것입니다.

믿음이 사랑으로 승화되지 못하면 결국 그 믿음은 쇠에 붙은 녹과 같은 것… 그 믿음이 내 영혼을 먹어 치우게 되는 것입니다. 결국 예수님이 하려던 말씀도 "네 사랑이 너를 구원했느니라."라고 하려던 것 아니겠습니까. 믿음의 열매는 믿음이 아니라 사랑이라서 사랑을 이루지 못하면 믿음이 사망을 불러오기 때문입니다.

열매를 맺지 못하는 과목(果木)이나, 꽃이 피지 않는 화초는 살아야 할 목적을 잃었으니 살아 있으되 죽은 것이나 다름이 없는 것처럼 믿음 또한 그러한 것입니다.

믿음은 내가 추구하는 그 무엇을 이루기 위한 '수단 어'라면 사랑은 나를 이루는 '목적어'라는 것입니다. 믿음은 수단이 될 수 있지만 사랑은 그 무엇을 위한 수단이 될 수 없는 생명 같은 것이기 때문입니다.

믿음이 좋습니까. 그러면 넘지 못할 마음의 담이 많을 것입니다. 그러나 사랑이라면 다 내 몸이며 한 생명으로 여겨질 것입니다. 예수가 예수 된 것도 믿음이 좋아서가 아니라 사랑이라서 예수가 된 것이라는 말입니다.

믿음입니까.
사랑입니까.

내게 밤낮이
어디 있어

"왜 밤에만 일을 하십니까."

"내게 밤낮이 어디 있어…"

한 낮을 피해 시원한 밤에만 일을 하는 시각장애자에게 우문(愚問)을 던진 이가 머쓱해졌습니다.

누구나 밤과 낮을 의식하고 살아간다는 일반적인 상식이 한 사람에게는 전혀 보편적일 수 없다는 사실처럼 내가 지금까지 당연하다고 생각했던 것들도 어떤 이들에게는 전혀 엉뚱한 논리로 비칠 수 있다는 생각으로 그를 이해하며 공존을 모색할 수 있어야 합니다.

사람들은 부지불식간에 자신의 경험과 지식에 매몰된 의식으로 모든 사물과 사건을 예단해 버리는 버릇 때문에 그의 입장에서 생각하고 배려할 마음의 여유를 갖지 못합니다. 부모의 사정은 아랑곳 하지 않고 떼를 쓰는 어린 아이나 하나님에게 생떼를 쓰는 신앙인들이나 다 제 속에 갇혀 있기는 마찬가지입니다.

지금 하고 있는 언행이 진정 옳은 것입니까. 옳다는 생각에 사로잡힌 집단의식은 아닙니까. 어쩌면 '나와 우리'가 하는 것은 다 옳다는 체면에 걸려서 나 이외의 것은 다 그른 것이라는 또 다른 도그마에 빠져있는지도 모릅니다.

살다보면 옳지 않은 언행을 하면서도 옳다는데 집착하는 사람들을 많이 봐 오지 않았습니까. 개인의 사소한 언행도 그러하지만 사회적인 통념이라는 것도 그러하며 국가관이나 세계관 역시 예외가 아닙니다.

철학이라는 것은 끝없는 질문으로 나와 세계를 해석해서 보편적인 가치에 이르고자 하는 노력을 의미하는 것이지 자신의 철학으로 세상을 바꾸려는 성급한 이론이 아닙니다. 진리를 배웠다고 사람이 갑자기 달라지는 것도 아니요, 진리를 던졌다고 세상이 갑자기 달라지는 것도 아닙니다. 타고난 체질이 달라지지 않듯이 죽는 날 까지 타고난 천품이 달라지지 않습니다.

계절이나 밤낮은 바꾸려고 해서 바뀌는 것이 아니라 때가되면 절로절로 바뀌고, 물이 흘러가면서 정화되는 것이지 정화돼서 흘러가는 것이 아닌 것처럼 역사라는 것도 인간을 성숙시켜가는 과정입니다.

그릇된 철학일수록 옳다는 의식이 강해서 자신이 아니면 바꿀 수 없다는 사고에 갇혀있을 가능성이 많고 그것이 곧 집단의식으로 나타날 때 많은 사람들이 불행해지는 것입니다. 북한을 비롯한 독재체제하의 집단의식이 그렇고 종교의 집단의식 역시 그럴 수 있는 가능성이 상존합니다.

공산주의는 왜곡된 철학으로 세계와 역사를 해석했고 그러한 세계관으로 세상을 바꾸려고 했기 때문에 스스로의 논리적인 모순으로 인하여 자멸하게 된 것입니다. 예컨대 늪에 빠진 짐승과도 같아서 빠져 나오려고 애쓸수록 더 깊은 수렁으로 빠져드는 것과 같고, 꽃에 앉은 꿀벌은 언제든지 날아오를 수 있지만 꿀통에 앉은 꿀벌은 꿀에 빠져 죽는 것과도 같은 것이 집단의식이기 때문에 자기철학에 겸손해야 되는 것입니다.

한때 '우리 것이 세계적인 것'이라는 말이 유행했던 적도 있지만 세계적인 것 가운데 우리 것 아닌 것이 절대다수라는 것을 모르는 이 있습니까. 나와 내가 몸담고 있는 것에 대한 자긍심은 나를 지탱해 주는 버팀목이 될 수도 있지만 지나친 자긍심은 자신을 고독하게 할 뿐 아니라 고립무원(孤立無援)의 신세가 된다는 것이 역사의 교훈입니다.

내 것은 내 것일 뿐
전부가 아닙니다.

무슨 마음입니까.

그릇에서 새는 물은 막을 수 있지만 터져 나오는 샘물은 막을 수 없듯이 사람의 감정도 터져 나오는 것이어서 그것을 주관할 수 있는 마음의 능력을 다져가야 하는 것이 인생입니다. 사춘기의 마음이 그렇고 이성간의 마음이 그러하며 특히 부모의 마음은 아이가 태어나는 순간 '터져 나온 마음'이기 때문에 영원을 두고 변함이 없는 것입니다.

하나님도 터져 나오는 사랑이 창조의 동기였기 때문에 사람이 변하고 세월이 흘러도 창조의 동산을 그리워 하시던 그 마음은 변함이 없는 것입니다. 하나님을 향한 인간의 마음도 터져 나오는 마음일 수 있다면 얼마나 좋겠습니까. 배움을 통하여 얻어진 마음은 새는 물과 같아서 세월과 더불어 옅어지거나 잊어지게 되어 있으니 옳은 마음이라고 할 수 없습니다.

터져 나오는 마음으로 사는 이는 시련이 비약의 원동력이 되기도 합니다. 터져 나오는 애국심이 그러하고 심청이의 효심이 그러한 것처럼 신앙심도 그러합니다. 터져 나오는 마음으로 하늘을 사랑했던 예수는 죽음의 고개를 넘어 부활섭리를 가능케 하지 않았습니까. 그러나 새는 마음으로 사는 이는 좋은 것이 오히려 자신을 무너지게 하기도 합니다. 그래서 좋은 것과 나쁜 것이 별개가 아니라는 말입니다. 흡사 독(毒)이 약이 되기도 하고 약(藥)이 독이 되기도 한다는 독약(毒藥)과도 같은 것이지요.

바람을 역풍으로 느끼십니까. 아니면 순풍으로 느끼십니까. 마주보면 역풍이지만 등지면 순풍이 되는 것이지 종자가 다른 바람이 아닙니다. 생각 없이 부는 바람을 생각을 가진 내가 알아서 맞이 해야지 바람을 탓해서야 되겠습니까. 나를 중심한 사건들이 마냥 순풍만 있는 것이 아닙니다. 때로는 더 전진할 수 없으리만치 강한 역풍으로 느껴질 때도 있지만 세월이 지나고 보면 그것 역시 나를 위한 순풍이었습니다.

터져 나온 마음으로 사는 이는 순풍 아닌 바람이 없습니다. 설한풍(雪寒風)이 꽃을 지게만 하는 줄 알았더니 선혈(鮮血)처럼 진한 동백을 피우지 않습니까.

옮겨 심은 나무가 그나마 서 있는 것은 뿌리를 내려서가 아니라 말뚝처럼 땅에 묻혀 있기 때문인데 쓰러지지 않고 서 있다고 해서 살았다고 장담할 수 있습니까. 스스로 뿌리를 내리지 않고서는 박혀있는 말뚝에 불과한 것입니다.

하늘을 향한 내 마음도 말뚝에 불과한 마음인지 아니면 뿌리 깊은 낙낙 장송 같은 마음인지 깊이 생각해 볼 일입니다. 낙낙 장송이 비록 밑둥치는 곰팡이로 사망의 그림자가 드리워져 있어도 때가되면 가지 끝에 생명을 노래 하지만 말뚝은 생명과는 무관하게 서 있는 것처럼 언제 어디에서나 생명의 노래를 잊고 사는 것은 말뚝 같은 마음입니다.

내 몸을 진단하는 이는 따로 있지만 내 마음은 나보다 더 잘 아는 이가

없으니 내가 나를 버려두면 내 마음을 챙겨줄 이가 없습니다. 에덴의 아
담은 스스로 챙겼어야 할 마음을 놓쳐서 하늘과 땅을 아프게 했지만, 예
루살렘의 예수는 스스로 챙겨서 구세주라는 이름을 얻지 않았습니까.

지금 어떤 마음으로 살아가십니까.
말뚝입니까?
나무입니까?

누구의 담입니까.

　그와 나 사이에 담이 있다면 그 담은 누구의 담입니까. 그 집과 우리 집 사이에 있는 담은 누구의 담이며 국가 간에 만들어 놓은 담은 어느 나라의 담입니까. 모든 담들은 그의 담이기 전에 나의 담이며 그도 허물 마음이 없지만 나 역시 허물 자신이 없는 것 아닙니까.

　성자(聖者)와 신(神)에게는 담을 느끼지 않는 것은 그 분들이 담을 가지고 있지 않기 때문입니다. 믿음이라는 것은 무엇을 광신(狂信)하려는 것이 아니라 내 스스로는 물론 모든 이에게 믿을 수 있는 나로 거듭나는 것을 의미합니다.

　사람들은 제 믿음을 타인에게 심지 못해 속상해 하지만 전도(傳道)라는 것은 내가 믿고 있는 교(敎)를 전하는 것(傳敎)이 아니라 도(道)를 공유하자는 것이며 그것은 곧 그와 모두를 위한 삶 그 자체입니다. 그를 위하려고 믿는 것이지 그에게 전하기 위하여 믿는 것이 아닌데 위하고자 하는 마음은 없으면서 전하고자 하는 마음만 가지고 있으니 그와 나 사이의 담은 분명코 그가 만든 담이 아니라 내가 만든 담입니다.

내 믿음이 강하면 강할수록 그와 나 사이의 담은 높아 가지만 그를 사랑하면 사랑할수록 그와의 담은 낮아진다는 사실을 깨닫는 것이 전도의 출발이 아니겠습니까. 믿는 자들은 안 믿는 이들에 대하여 불신의 벽이 높다고 하지만 어쩌면 내가 쌓아놓은 믿음의 담이 더 높은 것은 아닌지요.

예수는 종교를 만들거나 자신의 이름을 전하려고 온 것이 아니라 사랑하기 위하여 온 것입니다. 세계를 사랑해서 세계를 전도한 것인데 사랑의 도(道)는 간데없고 종교만 남아서 살이 없는 뼈와 같고 흙이 없는 뿌리의 신세가 되었으니 살았다고 할 수 없습니다. 생명을 잃은 화석과 다름이 없는 오늘의 현실이 나 그리고 우리와는 상관이 없는 말입니까.

예수를 앞세우면 부처가 달아나고 부처를 앞세우면 예수가 달아나는데 왜 그것을 앞세우려고 하십니까. 나를 보면서 예수와 부처를 보게 하지 못하고 나를 버려두고 그 분을 보라는 말이 그와 나를 갈라놓는 담입니다.

신앙을 하는 이들은 제가 아는 진리만을 진리라고 생각한 나머지 그 진리를 모르는 이들에게 알려 주어야 한다는 강박관념에 사로잡혀 있지만 왜 그가 모르고 있다고만 생각하는지요. 옳지 않은 것을 보고 분노할 줄 알고 옳은 것을 보고 공감할 줄 아는 것이 곧 진리를 아는 마음 아닙니까. 쓰면 뱉고 달면 삼키는 혀끝의 감각이 나와 다름이 있습니까.

알지만 살지 못하는 아픔을 가지고 있는 것이 그와 내가 안고 있는 숙제이기 때문에 사는 것을 보여주는 것만이 나를 향한 경계심과 담을 없앨 수 있는 길입니다. 허물 수 있는 용기만 있다면 이내 없어지는 것이 마음의 담이라는 말입니다. 진리라는 주장을 앞세울 것이 아니라 배운 진리를 인격화한 삶으로 다가가면 있던 담도 없어질 것입니다.

구르기만 하는 돌덩이를 흐르게 할 수 있는 것은 용광로밖에 없고 날리기만 하는 가루를 뭉치게 하는 것은 물밖에 없는 것처럼 담을 헐고 너와 내가 하나 되게 하는 인력(引力)은 논리적인 이론이 아니라 비논리적인 사랑밖에 없다는 것도 알아야 합니다. 논리를 앞세우면 사랑이 죽지만 사랑이 극대화되면 논리를 초월하기 때문입니다 .

道입니까.
教입니까.

김주현의 생각

허공을 더듬느냐

| 초판 1쇄 인쇄일 | 2020년 02월 21일 |
| 초판 1쇄 발행일 | 2020년 02월 28일 |

지은이	김주현
펴낸이	정진이
편집/디자인	우정민 우민지
마케팅	정찬용 최재희
영업관리	한선희 정구형
책임편집	정구형
인쇄처	국학인쇄사
펴낸곳	국학자료원 새미(주)
	등록일 2005 03 15 제 406−3240000251002005000008 호
	경기도 고양시 일산동구 장항동 864-3 하이베라스 405호
	Tel 442−4623 Fax 6499−3082
	www.kookhak.co.kr
	kookhak2001@hanmail.net

| ISBN | 979−11−90476−11−9 *03230 |
| 가격 | 18,000원 |

* 저자와의 협의하에 인지는 생략합니다.
 잘못된 책은 구입하신 곳에서 교환하여 드립니다.
 국학자료원 · 새미 · 북치는마을 · 니트는 국학자료원 새미(주)의 브랜드입니다.
* 이 도서의 국립중앙도서관 출판예정도서목록(CIP)은 서지정보유통지원시스템 홈페이지(http://seoji.nl.go.kr)와 국가자료공동목록
 시스템(http://www.nl.go.kr/kolisnet)에서 이용하실 수 있습니다. (CIP제어번호 : CIP2020007453)